AF559794

रामायण की कहानियाँ

हरीश शर्मा

ज्ञान गंगा, दिल्ली

प्रकाशक : ज्ञान गंगा, 2/42, अंसारी रोड, दरियागंज, नई दिल्ली–110002
सर्वाधिकार : सुरक्षित / संस्करण : 2025 / मूल्य : पाँच सौ रुपए
मुद्रक : नरुला प्रिंटर्स, दिल्ली ISBN 978-93-86054-17-3

RAMAYANA KI KAHANIYAN
by Shri Harish Sharma ₹ 500.00
Published by **GYAN GANGA**
2/42, Ansari Road, Daryaganj, New Delhi-110002

विषय-सूची

रावण के पूर्व जन्म की कथा

कैकय देश का राजा प्रतापभानु अत्यंत वीर, साहसी, धर्मपरायण, तेजस्वी और विद्वान् था। उसके शासन में प्रजा सुखपूर्वक जीवन व्यतीत कर रही थी। प्रतापभानु का अरिमर्दन नामक एक भाई भी था, जो उसी के समान श्रेष्ठ गुणों से संपन्न था। दोनों भाइयों को नीतियुक्त मार्ग बताने तथा उसका अनुसरण करवाने का भार धर्मरुचि नामक परम विद्वान् मंत्री पर था। अपने नाम के अनुरूप धर्मरुचि की धर्म में अगाध श्रद्धा थी। वह भगवान् विष्णु का अनन्य भक्त था और सदैव उन्हीं के ध्यान में मग्न रहता था। इस प्रकार तीन श्रेष्ठ पुरुषों की देखरेख में कैकय देश का शासन-कार्य नीति, धर्म और सदाचार के अनुसार चल रहा था।

कैकय देश के पड़ोसी देश में सोमदत्त नामक राजा राज्य करता था। वह बड़ा क्रूर, मायावी, दुष्ट और पापी व्यक्ति था। भोग-विलास में डूबे रहना उसका नित्य का कार्य था। आरंभ से ही उसकी आँखों में कैकय देश का वैभव और संपन्नता खटक रही थी। वह किसी भी तरह से उसे जीत लेना चाहता था। किंतु बल और शक्ति में उसकी सेनाएँ कैकय देश की तुलना में कमजोर थीं। युद्ध में कैकय देश को जीतना असंभव था, इसलिए उसने माया का सहारा लिया।

एक दिन प्रतापभानु को समाचार मिला कि उसके राज्य में एक शक्तिशाली जंगली वराह (सूअर) ने आतंक मचा रखा है। वह प्रतिदिन किसी-न-किसी को मारकर जंगल में भाग जाता है। प्रजा को इस प्रकार आतंकित देख प्रतापभानु अत्यंत क्रोधित हो उठा। उसने उस वराह को मारने का निश्चय कर लिया। तदनंतर धनुष धारण करके वह उस स्थान पर जा पहुँचा, जहाँ से वराह वन की ओर भागता था। दो दिन प्रतीक्षा करने के बाद प्रतापभानु को वराह दिखाई दिया। राजा ने अपना घोड़ा उसके पीछे लगा दिया। वाराह जान बचाता हुआ घने वन में घुस गया। प्रतापभानु भी उसका पीछा करते हुए वन की ओर चल पड़ा। आज वह किसी भी तरह वराह को मार डालना चाहता था। इसी बीच वह अपने सैनिकों से बिछुड़ गया।

वन के बीचोबीच पहुँचकर वराह आँखों से ओझल गया और प्रतापभानु भूख-प्यास से व्यथित होकर इधर-उधर भटकने लगा। सहसा उसे एक कुटिया दिखाई दी। कुटिया के प्रांगण में एक साधु हवन कर रहा था। उसे देखकर जैसे प्रतापभानु की जान-में-जान आई। उसने साधु के पास जाकर अपना परिचय दिया।

साधु ने प्रतापभानु को खाने के लिए फल दिए। तदनंतर वन में

आने का कारण पूछा। प्रतापभानु ने सारी घटना कह सुनाई। तब साधु उपदेश देते हुए बोला, ''राजन्, आपके प्रताप से कौन परिचित नहीं है। आपकी श्रेष्ठता का गुणगान तो देवलोक में भी किया जाता है। प्रजा की संतुष्टि से ही स्पष्ट हो जाता है कि आप एक कुशल शासक हो। आपके नेतृत्व में ही कैकय देश महानता के शिखर पर विराजमान है। यह धरा भी आपको पाकर धन्य है। राजन्! अब वह भयंकर वराह आपके राज्य की ओर कभी नहीं आएगा। मैं अपने तपबल से उसे स्वयं ही मार डालूँगा। आप निश्चिंत रहें।''

साधु की बातें सुनकर प्रतापभानु गद्‌गद होते हुए बोला, ''मुनिवर! आप जैसे साधुजन की कृपा के कारण ही मैं राज्य की उचित और न्यायप्रिय व्यवस्था करने में सक्षम हूँ। राज्य के समस्त वैभव और संपन्नता के पीछे आपका ही आशीर्वाद है। हे मुनिवर! वराह को मारकर आप मेरी प्रजा पर उपकार करेंगे। यद्यपि मैं आपके इस उपकार का ऋण कभी नहीं चुका सकता, तथापि मैं आपकी सेवा करना चाहता हूँ।''

साधु हँसते हुए बोला, ''राजन्! हम साधुओं को सेवा से कोई सरोकार नहीं है। लेकिन यदि आप कुछ करना ही चाहते हैं तो अपने राज्य के समस्त ब्राह्मणों को सपरिवार भोजन करवा दें। इससे उनके आशीर्वाद से आपके राज्य में सुख-समृद्धि का वास रहेगा। आपका यह कार्य सभी को सुख देनेवाला होगा।''

''जैसी आपकी आज्ञा, मुनिवर! अब आप पुरोहित बनकर मेरे साथ चलने का कष्ट करें, जिससे मैं अतिशीघ्र इस पुण्य कार्य को संपन्न कर सकूँ।'' प्रतापभानु ने कृतज्ञ शब्दों में कहा।

साधु थोड़ा सा बौखलाता हुआ बोला, ''नहीं, नहीं राजन्! सामाजिक

बंधनों से विमुख हुए मुझे अनेक वर्ष हो गए हैं। अब मैं किसी भी समारोह में सम्मिलित नहीं होता। अत: मैं आपके पुण्यकार्य में पुरोहित नहीं बन सकता। परंतु आपकी इच्छा को देखते हुए मैं अपने एक योग्य शिष्य को आपका पुरोहित बनाकर अवश्य भेजूँगा। वह आपके समस्त कार्य कुशलतापूर्वक संपन्न करवाएगा। अब आप घर लौट जाएँ। ठीक तीन दिन के बाद मेरा शिष्य आपके पास पहुँच जाएगा।"

इसके बाद साधु को प्रणाम कर प्रतापभानु वापस लौट गया।

तभी वह भयंकर वराह साधु के पास आ पहुँचा, जिसका पीछा प्रतापभानु कर रहा था। देखते-ही-देखते वराह ने एक विशालकाय राक्षस का रूप धारण कर लिया। यह कालकेतु नामक राक्षस था, जिसके उद्दंडी और अत्याचारी पुत्रों को प्रजा की रक्षा हेतु राजा प्रतापभानु ने मार डाला था।

कालकेतु भयंकर अट्टहास करते हुए बोला, "तुमने आज अपनी बुद्धिमत्ता से श्रेष्ठ अभिनयकर्ता को भी मात कर दिया। जिस प्रकार प्रतापभानु को तुमने दिग्भ्रमित किया है, वह कभी नहीं जान सकेगा कि तुम कोई साधु नहीं, बल्कि साधु के वेश में उसके सबसे बड़े शत्रु सोमदत्त हो।"

साधु-वेशधारी सोमदत्त भी अपने वास्तविक रूप में आ गया और हँसते हुए बोला, "कालकेतु! इस योजना के पूर्ण होने में तुम्हारा योगदान सराहनीय है। यदि तुम उसे यहाँ तक न लाते तो हमारा षड्यंत्र कभी सफल नहीं होता। अब केवल अंतिम कार्य रह गया है। कालकेतु! अब तुम शीघ्रता से ब्राह्मण बनकर प्रतापभानु के पास जाओ और योजना का अंतिम चरण भी पूर्ण कर दो।"

इसके बाद कालकेतु और सोमदत्त अपने-अपने स्थानों की ओर चले गए।

उधर प्रतापभानु को ज्ञात नहीं था कि वह दो मायावी और पापी लोगों के बीच फँस चुका है। वह तो महल में पहुँचते ही ब्राह्मण-भोज की तैयारी में जुट गया। उसने सभी ब्राह्मणों को सपरिवार भोजन पर आमंत्रित भी कर दिया।

निश्चित दिन कालकेतु भी पुरोहित बनकर राजा प्रतापभानु के पास जा पहुँचा। प्रतापभानु ने उसका यथोचित आदर-सत्कार किया। भोजन से पूर्व कालकेतु भोजन के निरीक्षण का बहाना करके रसोईघर में जा पहुँचा और उसमें मांस मिला दिया। जैसे ही ब्राह्मण भोजन करने बैठे, अचानक एक आकाशवाणी हुई–"ठहरो! यह भोजन आपके ग्रहण करने योग्य नहीं है। इसमें मांस मिला हुआ है।"

आकाशवाणी सुनते ही चारों ओर हाहाकार मच गया। ब्राह्मण क्रोधित होकर अपने-अपने स्थानों से उठ खड़े हुए और प्रतापभानु को शाप देते हुए बोले, "अधर्मी, पापी! तूने मांस परोसकर हमारे धर्म को भ्रष्ट करने का प्रयास किया है। तेरा यह कुकृत्य राक्षसों के समान है। अतएव हम तुझे शाप देते हैं कि तू परिवार सहित राक्षस-योनि में जन्म ले।" इसके बाद क्रोधित ब्राह्मण वहाँ से चले गए।

यह सब इतनी तेजी से हुआ कि प्रतापभानु को कुछ समझने का अवसर ही नहीं मिला। उसे जब होश आया तो उसने सर्वप्रथम पुरोहित बने कालकेतु को ढूँढ़ना आरंभ किया। लेकिन वह वहाँ से जा चुका था। ब्राह्मणों का शाप प्रतापभानु को व्याकुल करने लगा।

इधर जब सोमदत्त को शाप की बात पता चली तो उसने उसी समय सेना लेकर कैकय देश पर आक्रमण कर दिया। ब्राह्मणों के

शाप ने प्रतापभानु को पहले ही निस्तेज कर दिया था। इसी के चलते युद्ध में उसका पक्ष कमजोर पड़ता चला गया। अंत में प्रतापभानु अपने भाई अरिमर्दन और मंत्री धर्मरुचि के साथ वीरगति को प्राप्त हुआ।

शाप के कारण अगले जन्म में प्रतापभानु ने विश्रवा ऋषि के घर जन्म लिया और रावण के नाम से विख्यात हुआ। उसकी माता राक्षस-कुल की थी। प्रतापभानु के भाई अरिमर्दन ने कुंभकर्ण और धर्मरुचि ने विभीषण के रूप में जन्म लिया। भगवान् विष्णु का अनन्य भक्त होने के कारण धर्मरुचि राक्षस योनि में भी परम तपस्वी हुआ।

□

स्वर्णपुरी लंका

एक बार पवनदेव कुछ अप्सराओं के साथ भ्रमण कर रहे थे। उनके मदमाते वेग के समक्ष प्रत्येक वस्तु तिनके की भाँति उड़कर उन्हें मार्ग दे रही थी। सहसा उनके मार्ग में सुमेरु पर्वत आ गया। मदमस्त हो रहे पवनदेव ने सुमेरु पर्वत को मार्ग से हटने अथवा झुककर मार्ग देने का आदेश दिया। सुमेरु ने उनकी आज्ञा मानने से इनकार कर दिया। पवनदेव ने शक्ति के अहंकार में भरकर प्रचंड रूप धारण कर लिया; परंतु वे किसी भी तरह सुमेरु को उसके स्थान से डिगा न सके। अंत में पराजित होकर वे वहाँ से प्रस्थान कर गए। उन्होंने मन-ही-मन निश्चय कर लिया था कि उचित अवसर आने पर वे सुमेरु से अपने इस अपमान का प्रतिशोध अवश्य लेंगे।

कुछ दिनों के बाद वसंतगिरि ने एक सभा का आयोजन कर सभी पर्वतों को आमंत्रित किया। इस अवसर पर सभी की सहमति से सुमेरु को सभापति चुना गया। इस उपलक्ष्य में स्वर्ण-निर्मित एक विशाल मुकुट सुमेरु के सिर पर सुशोभित कर उसका सम्मान किया गया। एक कोने में छिपकर पवनदेव ने भी सुमेरु का यह सम्मान देखा। उन्हें उस दिन की याद हो आई, जब सुमेरु के कारण उन्हें अपमानित होना पड़ा था। आज उपयुक्त अवसर था अपमान के प्रतिशोध का।

देखते-ही-देखते पवनदेव ने प्रचंड आँधी का रूप धारण कर लिया। चारों ओर घना अंधकार छा गया। सभा का मंडप उखड़ गया। सभी सुरक्षित स्थानों की ओर दौड़ पड़े। इसी भाग-दौड़ में अवसर पाकर पवनदेव ने सुमेरु का मुकुट चुरा लिया और उसे लेकर तेजी से दक्षिण दिशा की ओर चल पड़े।

दक्षिण दिशा के अंतिम छोर पर विशाल समुद्र के मध्य एक छोटा सा टापू था। वहाँ पहुँचकर पवनदेव ने देवशिल्पी विश्वकर्मा का आह्वान किया और उस मुकुट के स्वर्ण से वहाँ एक विशाल नगरी बनाने का आदेश दिया। कुछ ही दिनों में विश्वकर्मा ने उस टापू पर स्वर्ण से निर्मित एक विशाल नगरी का निर्माण-कार्य पूरा कर दिया। इस स्वर्णनगरी का प्रत्येक महल देवराज इंद्र के महल से भी अधिक सुंदर और विशाल था। चूँकि यह नगरी पूरी तरह से स्वर्ण-निर्मित थी, इसलिए इसका नाम 'स्वर्णपुरी' रखा गया। बाद में यही नगरी 'लंका' के नाम से विख्यात हुई।

एक दिन माली, सुमाली और माल्यवान् नामक तीन दैत्य भ्रमण करते हुए दक्षिण दिशा की ओर आ निकले। उन्होंने जब स्वर्णपुरी को देखा तो उनका मन उसे पाने के लिए उद्यत हो उठा। तीनों दैत्यों ने

कठोर तप द्वारा ब्रह्माजी को प्रसन्न कर उनसे लंकापुरी माँग ली। अब तीनों दैत्य अपने परिवार और सेवक-सेविकाओं के साथ लंका में रहने लगे। इस प्रकार लंका देवताओं द्वारा निर्मित होने के बाद भी राक्षसों का गढ़ बन गई।

बाद में जब दैत्यों के अत्याचार बढ़ने लगे, तब संसार के कल्याण के लिए भगवान् विष्णु ने सुमाली का वध कर दिया। सुमाली-वध से भयभीत होकर माली और माल्यवान् सपरिवार पाताल में जा छिपे। उनके बाद लंका पुनः खाली हो गई। तब ब्रह्माजी ने महर्षि विश्रवा के पुत्र कुबेर को लंका नगरी सौंप दी। कुबेर ने लंका को अपनी राजधानी बनाया और यक्ष-सेवकों के साथ वहीं निवास करने लगा। बाद में राक्षसराज रावण ने कुबेर को पराजित कर लंका को पुनः राक्षसों के आधिपत्य में कर लिया।

□

ऋषिपुत्र रावण

भगवान् विष्णु से भयभीत होकर राक्षसराज माली और माल्यवान् पाताल में जा छिपे थे। यद्यपि वे प्राण बचाते फिर रहे थे, तथापि अभी भी उनके हृदय में देवताओं के प्रति विष भरा हुआ था। भगवान् विष्णु द्वारा सुमाली के मारे जाने से वे अंदर-ही-अंदर प्रतिशोध की ज्वाला में जल रहे थे।

इधर सुमाली-वध से देवताओं में हर्ष की लहर दौड़ गई। अब वे चुन-चुनकर दैत्यों को मारने लगे। जहाँ कहीं भी दैत्य दिखाई देता, देवता पल भर में ही उसका काम तमाम कर देते। इस प्रकार पृथ्वी पर दैत्यों की संख्या बड़ी तेजी से कम होने लगी। दैत्य-कुल का संहार होते देख माली और माल्यवान् अत्यंत व्यथित थे, परंतु शक्तिहीन

होने के कारण असहाय थे। इस विपदा की घड़ी में कोई भी उनका सहायक न था। ऐसी दु:खद स्थिति में माल्यवान् को दैत्यगुरु शुक्राचार्य का ध्यान आया, जो उस समय हिमालय पर भगवान् शिव की आराधना कर रहे थे। केवल वे ही एक ऐसे परम तेजस्वी ऋषि थे जिनसे भगवान् विष्णु भी भयभीत रहते थे। अंततः माल्यवान् सहायता हेतु उस स्थान पर जा पहुँचा, जहाँ दैत्यगुरु शुक्राचार्य ध्यानमग्न तपस्या कर रहे थे।

शुक्राचार्य ने माल्यवान् से वहाँ आने का कारण पूछा।

माल्यवान् व्यथित स्वर में बोला, ''हे गुरुवर! जब से आप लंका को छोड़कर आए हैं, तभी से हमें निस्सहाय पाकर देवताओं ने हम पर अत्याचार करने आरंभ कर दिए। विष्णु ने मेरे भाई सुमाली का वध कर हमें पाताल जाने के लिए विवश कर दिया। अब वे एक-एक कर हमारे सभी बंधु-बांधवों का संहार कर रहे हैं। गुरुवर, इस समय हम भारी विपदा में फँसे हुए हैं। अब आप ही मार्गदर्शन करके हमारा उद्धार करें।''

घोर तप में लीन होने के कारण शुक्राचार्य देव-दैत्य युद्ध के संबंध में पूर्णतः अनभिज्ञ थे। इसलिए जब उन्हें माल्यवान् द्वारा दैत्यों के पतन का समाचार मिला तो वे पल भर के लिए विस्मित रह गए। फिर क्रोध में भरकर उग्र स्वर में बोले, ''माल्यवान्! तुमने मुझे पहले सूचना क्यों नहीं दी? यदि समय रहते तुम मेरी शरण में आ जाते तो देवताओं का इतना दुस्साहस कभी न होता। लेकिन अभी भी देर नहीं हुई है। यदि कोई शक्तिशाली और परम तपस्वी दैत्य तुम्हारे कुल का प्रतिनिधित्व करे तो तुम अपना खोया हुआ ऐश्वर्य, बल और राज्य पुनः प्राप्त कर सकते हो। माल्यवान्! यदि तुम महर्षि पुलस्त्य के परम

तपस्वी पुत्र विश्रवा से अपनी पुत्री कैकसी का विवाह कर दो तो उनके दिव्य अंश से उत्पन्न राक्षस तुम्हारे कुल का उद्धारक और देवताओं के लिए साक्षात् काल होगा।''

माल्यवान् ने विश्रवा ऋषि के तप और विद्वत्ता के विषय में बहुत सुन रखा था। 'यदि ऐसा योग्य और तेजस्वी वर कैकसी को सहर्ष स्वीकार कर ले तो राक्षस-कुल का उद्धार हो जाएगा'-यह सोचकर दैत्य माल्यवान् प्रसन्नता से भर उठा। तदनंतर शुक्राचार्य को प्रणाम कर वह वापस लौट आया।

अब माल्यवान् का प्रमुख उद्देश्य अपनी पुत्री कैकसी का विवाह विश्रवा ऋषि के साथ करवाना था। साथ ही वह जानता था कि ब्राह्मण कुल में जनमे विश्रवा दैत्य-कुल की कन्या से कदापि विवाह नहीं करेंगे। अत: उसने युक्ति से काम लिया। उन दिनों विश्रवा ऋषि वन में घोर तप कर रहे थे। माल्यवान् ने उचित अवसर जानकर अपनी पुत्री कैकसी को उनकी सेवा के लिए भेज दिया। कैकसी जानती थी कि विश्रवा के अंश से उत्पन्न संतान ही राक्षस-कुल का उद्धार करेगी। इसलिए वह भी पूरी निष्ठा के साथ उनकी सेवा में संलग्न हो गई।

कैकसी तप में लीन विश्रवा ऋषि के शरीर को प्रतिदिन स्वच्छ जल से साफ करती। तदनंतर पूजन-अर्चन की सामग्री एकत्रित कर उनके समक्ष रख देती। संध्या समय अपने कोमल हाथों से उनके चरण दबाती। इस प्रकार सेवा करते हुए लंबा समय बीत गया।

एक दिन तप-ध्यान पूर्ण होने पर विश्रवा ऋषि ने सहसा नेत्र खोल दिए। उन्हें अपने समक्ष ही कैकसी बैठी दिखाई दी। उस समय वह ऋषि के चरण दबा रही थी। विश्रवा समझ गए कि ध्यान के

समय इसी युवती ने मेरी सेवा की है। उनका मन प्रसन्नता से भर उठा और उन्होंने युवती से इच्छित वर माँगने को कहा।

कैकसी इसी समय की प्रतीक्षा कर रही थी। वह हाथ जोड़कर विनम्र स्वर में बोली, "ऋषिवर! मैं दैत्यराज माल्यवान् की पुत्री कैकसी हूँ। एक दिन यहाँ से निकलते हुए मेरी दृष्टि आप पर पड़ी और मैं आपके वशीभूत हो गई। तभी से पत्नी की भाँति मैं निरंतर आपकी सेवा कर रही हूँ। मुनिवर, अब मैं आपको छोड़कर नहीं जा सकती। इसलिए आप मुझे स्वीकार कर मेरी इच्छा पूर्ण करें।"

कैकसी की सेवा और भक्ति से विश्रवा ऋषि पहले ही अत्यंत प्रसन्न थे, उस पर इन प्रिय वचनों से उनका मन गद्गद हो उठा। उन्होंने उसी समय माल्यवान् के पास जाकर कैकसी से विवाह की इच्छा जताई।

माल्यवान् इसी समय की प्रतीक्षा कर रहा था। उसने बिना विलंब किए विश्रवा ऋषि और कैकसी का विवाह कर दिया। नवविवाहित दंपती वैवाहिक सुख में निमग्न हो गए।

उचित समय पर कैकसी ने एक सुंदर और शक्तिशाली पुत्र को जन्म दिया, जो जन्म लेते ही आठ वर्ष का हो गया। यह चमत्कार देख कैकसी आश्चर्यचकित रह गई। उसने जब पति से इस विषय में पूछा तो वे मुसकराते हुए बोले, "प्रिये! तुम्हारा यह पुत्र दिव्य शक्तियों से परिपूर्ण होकर परम तपस्वी और वेदों का प्रकांड पंडित होगा। संसार इसे रावण के नाम से जानेगा। देवता, दैत्य, राक्षस, मनुष्य—सभी इसके नाम से भयभीत रहेंगे। तीनों लोकों को जीतनेवाला यह बालक सृष्टि के अंत तक जाना जाएगा।"

पुत्र के विषय में जानकर कैकसी प्रसन्नता से भर उठी। आखिरकार

उस शक्तिशाली राक्षस का जन्म हो गया था, जिसकी प्रतीक्षा अनेक वर्षों से की जा रही थी।

जब यह समाचार माल्यवान् को मिला तो वह उसी समय कैकसी से मिलने आ पहुँचा। एकांत पाकर उसने कैकसी को समझाया, ''पुत्री! अभी इतना प्रसन्न होने की आवश्यकता नहीं है। देवगण बहुत कपटी और छली हैं। उन्हें जब इस बात का पता चलेगा तो वे एकजुट होकर इसके विरुद्ध षड्यंत्र रच डालेंगे। उस स्थिति में यह बिलकुल अकेला पड़ ज़ाएगा। इसलिए तुम इसी के समान कुछ और शक्तिशाली पुत्रों के लिए प्रयासरत रहो, जिससे इसकी शक्ति में अमोघ वृद्धि हो।''

कैकसी पिता के संकेत को समझ गई। इसी परामर्श के फलस्वरूप कुछ वर्ष उपरांत उसने दो और शक्तिशाली पुत्रों को जन्म दिया। उनमें से एक बालक कुंभकर्ण और दूसरा विभीषण के नाम से प्रसिद्ध हुआ। इसके अतिरिक्त कैकसी ने एक पुत्री को भी जन्म दिया था, जिसका नाम 'शूर्पणखा' रखा गया।

इस प्रकार विश्रवा ऋषि और कैकसी के अंश से माल्यवान् को राक्षस-कुल की रक्षा हेतु तीन परमवीर योद्धा प्राप्त हुए।

□

तप का बल

यद्यपि रावण और उसके भाइयों का जन्म विश्रवा ऋषि के अंश से हुआ था, तथापि उनकी माता राक्षस-कुल की थी। अतएव उनमें धार्मिक प्रवृत्ति की अपेक्षा राक्षसी प्रवृत्ति का अंश अधिक था। माल्यवान् अपनी देख-रेख में उनका लालन-पालन कर रहा था। वह अपनी कुटिल बातों से बालकों का मन राक्षस-कुल की ओर खींच रहा था। देवताओं के अत्याचारों की अनेक मनगढ़ंत कहानियाँ सुना-सुनाकर उसने उनके बाल-मन में यह बात बैठा दी थी कि देवगण सदा से उनके शत्रु रहे हैं। उनका एकमात्र उद्देश्य राक्षस-कुल का सर्वनाश है। धीरे-धीरे रावण और कुंभकर्ण को यह विश्वास होने लगा कि वे राक्षस-कुल से संबंधित हैं और देवगण कभी भी उनका अहित कर सकते हैं।

एक दिन जब माल्यवान् अपनी पुत्री कैकसी और नातियों से मिलने आया तब सहसा रावण ने उससे पूछा, "नानाश्री! देवता सदा से हमारे कुल का विनाश करते आए हैं। उनके भय से ही आप पाताल लोक में निवास कर रहे हैं। क्या कोई ऐसा साधन नहीं है, जिसके द्वारा हम देवताओं को परास्त कर अपना सम्मान पुनः प्राप्त कर सकें? क्या हम देवताओं को कभी पराजित नहीं कर सकते? क्या हमारा बल, हमारा शौर्य किसी काम का नहीं है?"

"रावण! हमारा बल और शौर्य देवताओं से कई गुना अधिक है। परंतु उनके पास दिव्य शक्तियाँ और अस्त्र हैं, जिनके द्वारा वे निर्बल होकर भी हमें परास्त करने की क्षमता रखते हैं। हाँ, यदि कोई राक्षस कठोर तपस्या द्वारा ब्रह्माजी को प्रसन्न कर उनसे वर प्राप्त कर ले तो देवगण उसे पराजित नहीं कर सकते। परंतु इस समय हमारे कुल में कोई भी ऐसा तपस्वी राक्षस नहीं है जो कठोर तप कर सके।"

"ठीक है नानाश्री! मैं भी राक्षस-कुल का हूँ, इसलिए मैं स्वयं कठोर तपस्या करके ब्रह्माजी को प्रसन्न करूँगा और उनसे वरदान में दिव्य शक्तियाँ प्राप्त करूँगा।"

इस प्रकार प्रण करके रावण अपने भाइयों सहित वन में जाकर कठोर तपस्या करने लगा। विश्रवा को जब इस बात का पता चला तो उन्होंने उसे बहुत समझाया, लेकिन सब व्यर्थ गया। रावण अपना हठ छोड़ने को तैयार नहीं हुआ। अंत में थक-हारकर विश्रवा आश्रम लौट आए।

माल्यवान् तप की महिमा को जानता था। उसने और उसके भाइयों ने तप द्वारा ही अनेक दिव्य शक्तियाँ प्राप्त की थीं। रावण को तप के लिए उद्यत देख उसे अत्यंत प्रसन्नता हुई। लंका पर पुनः

शासन और देवताओं की पराजय उसे स्पष्ट दिखाई देने लगी। वह जान चुका था कि शीघ्र ही रावण को तीनों लोकों पर विजय के लिए एक विशाल दैत्य सेना की आवश्यकता होगी। रावण के तप में लीन होते ही उसने पृथ्वी के सभी दैत्यों को एकत्रित कर सेना बनानी आरंभ कर दी।

इधर रावण, कुंभकर्ण और विभीषण ने अपने कठोर तप से देवताओं को व्यथित कर डाला। उनके शरीर से निकलनेवाले तेज से तीनों लोक जलने लगे। उनके तप का तेज जब ब्रह्माजी के लिए असहनीय हो गया, तब वे साक्षात् प्रकट हुए और उन्हें इच्छित वर माँगने के लिए कहा।

रावण ने वर में अमरता माँग ली।

ब्रह्माजी जानते थे कि यदि रावण अमर हो गया तो सृष्टि का विनाश हो जाएगा। अतः उसे समझाते हुए उन्होंने कहा, ''वत्स, तुमने वर में ऐसी वस्तु माँग ली है, जो देवताओं के लिए भी दुर्लभ है। कालचक्र के अनुसार सृष्टि में जन्म लेनेवाले प्रत्येक प्राणी को एक-न-एक दिन काल का ग्रास बनना ही पड़ता है। इसलिए तुम अमरता के अतिरिक्त कुछ और माँग लो।''

तब रावण ने बहुत सोच-विचारकर वर माँगा, ''हे परमपिता! मुझे वर दीजिए कि मेरी मृत्यु मनुष्य के हाथों हो।''

ब्रह्माजी ने रावण को मनोवांछित वर दे दिया।

'जब शक्तिशाली देवगण मेरा अहित नहीं कर पाएँगे तो भला कोई साधारण मनुष्य मेरा अंत कैसे कर सकेगा! आखिरकार मैंने ब्रह्माजी से अमरता का वरदान प्राप्त कर ही लिया।' यह सोचकर रावण मन-ही-मन प्रसन्न था।

कुंभकर्ण रावण से भी अधिक विशालकाय और शक्तिशाली था। उसे देखकर ब्रह्माजी सोचने लगे कि यदि इसने भी रावण के समान कोई शक्तिशाली वर माँग लिया तो संपूर्ण मानवता का अस्तित्व ही समाप्त हो जाएगा। अतएव उन्होंने माया का सहारा लिया। उनकी इच्छा के अनुसार सरस्वती कुंभकर्ण की जिह्वा पर विराजमान हो गईं। इसके फलस्वरूप ब्रह्माजी ने जब कुंभकर्ण से वर माँगने के लिए कहा तो सरस्वती की माया से भ्रमित होकर उसने वर में छह महीने की नींद और एक दिन की जाग्रतावस्था माँग ली। ब्रह्माजी ने 'तथास्तु' कहकर उसे वरदान दे दिया।

तदनंतर वे विभीषण के पास पहुँचे और उससे इच्छित वर माँगने के लिए कहा।

रावण और कुंभकर्ण की अपेक्षा विभीषण धर्म की ओर अधिक प्रवृत्त था। परोपकार, दया और सहिष्णुता उसके गुणों को और भी प्रकाशित करते थे। श्रीविष्णु में उसकी अगाध श्रद्धा थी, इसलिए उसने वर में भगवान् विष्णु की अनन्य भक्ति और उनके दर्शन की इच्छा प्रकट की।

ब्रह्माजी उसे वर देते हुए बोले, "हे विभीषण! तुम्हारे भाइयों ने कठोर तप के बाद भी केवल सांसारिक वस्तुओं को ही माँगा, लेकिन तप का वास्तविक फल तुम ही जानते हो। मैं तुम्हें श्रीविष्णु की अनन्य भक्ति प्रदान करता हूँ। इस जन्म में तुम्हें भगवान् विष्णु के दर्शन के साथ उनका सान्निध्य प्राप्त करने का सौभाग्य प्राप्त होगा।"

इस प्रकार तीनों भाइयों को मनोवांछित वर प्रदान करके ब्रह्माजी अंतर्धान हो गए।

□

लंकापति रावण

'मनोवांछित वरदान पाकर रावण अत्यंत शक्तिशाली हो गया है'—यह समाचार सुनकर माल्यवान् की खुशी का ठिकाना न रहा। अनेक वर्षों से वह उस दिन की प्रतीक्षा कर रहा था, जब वह देवताओं को पराजित कर तीनों लोकों पर राक्षसों का साम्राज्य स्थापित करता। रावण के रूप में उसे एक ऐसा वीर राक्षस-योद्धा मिल चुका था, जो बहुत शीघ्र उसके इस स्वप्न को पूरा कर सकता था। इस बीच उसने राक्षसों को एकत्रित कर एक विशाल सेना तैयार कर ली थी। रावण के घर लौटते ही माल्यवान् ने उसे राक्षसों का राजा घोषित कर दिया। यद्यपि विश्रवा ऋषि ने राजा बनने पर रावण को शांतिपूर्वक और न्याययुक्त शासन करने का परामर्श दिया, तथापि देवताओं के प्रति मन में क्रोध रखनेवाले रावण ने तीनों लोकों पर अधिकार करने का

निश्चय कर लिया था।

अभिषेक के बाद माल्यवान् राक्षसराज रावण को समझाते हुए बोला, "रावण, तुम महा पराक्रमी, तेजस्वी और देवताओं से भी अधिक बलशाली हो। राक्षसराज के पद पर आसीन होकर तुम्हारा कार्य राक्षसों का कल्याण और बल-वृद्धि करना है। परंतु इससे पूर्व तुम्हें एक ऐसे स्थान की आवश्यकता है, जहाँ से तुम कुशलतापूर्वक राक्षसों का नेतृत्व कर सको। रावण, पूर्व में स्वर्ण-निर्मित लंका राक्षसों का आश्रय-स्थल थी, परंतु कपटी देवताओं ने इसे छीन लिया। इस समय वहाँ कुबेर का निवास है। हे राक्षसराज रावण! सर्वप्रथम तुम कुबेर को परास्त कर लंका को पुनः अपनी राजधानी बनाओ। जिस प्रकार अमरावती नगरी में इंद्र विराजमान है, उसी प्रकार लंका में विराजमान होकर तुम अपने ऐश्वर्य, वैभव और यश में वृद्धि करो।"

रावण को माल्यवान् का परामर्श उचित लगा और उसने उसी समय अपना एक दूत कुबेर के पास भेजकर उसे लंका छोड़ने अथवा युद्ध करने के लिए ललकारा।

कुबेर विश्रवा ऋषि का प्रथम पुत्र था, जो उनकी पहली पत्नी इड़बिड़ा के गर्भ से उत्पन्न हुआ था। इस प्रकार वह रावण, कुंभकर्ण और विभीषण का सौतेला भाई था। बचपन से ही कुबेर धार्मिक प्रवृत्ति का था। इसलिए पिता द्वारा दीक्षित होने के बाद उसने कठोर तपस्या आरंभ कर दी। अनेक वर्षों तक तप करके उसने ब्रह्माजी को प्रसन्न किया और उनसे वरदान-स्वरूप देवपद प्राप्त कर लिया। साथ-ही-साथ ब्रह्माजी ने कुबेर को लंका का राज्य सौंप दिया। तभी से कुबेर समस्त ऐश्वर्यों से युक्त होकर लंका में निवास कर रहा था।

रावण का संदेश पाकर कुबेर चिंता में पड़ गया। चुपचाप लंका

छोड़ने का अर्थ था–राक्षसों के समक्ष पराजय स्वीकार कर लेना। लेकिन लंका के लिए वह अपने भाई से युद्ध भी नहीं करना चाहता था। इस दुविधा भरी स्थिति में कुबेर को पिता का स्मरण हो आया। वह उसी समय पुष्पक विमान में बैठकर विश्रवा ऋषि के पास पहुँचा और उन्हें सारी बात बताई।

विश्रवा उसे समझाते हुए बोले, ''पुत्र! रावण तुम्हारा भाई होने पर भी तुमसे युद्ध के लिए तैयार है। इसलिए तुम भी सभी संबंधों से ऊपर उठकर अपने कर्तव्य का निष्ठापूर्वक पालन करो।''

कुबेर अब दुविधा से उबर चुका था। उसने लंका छोड़ने से इनकार कर दिया। उसका यह दु:साहस देख रावण क्रोध से भर उठा और उसने विशाल सेना लेकर लंका पर आक्रमण कर दिया। बहुत दिनों तक घमासान युद्ध होता रहा। अंत में शक्तिशाली रावण के समक्ष कुबेर पराजित हो गया और प्राण बचाकर भाग खड़ा हुआ।

इस प्रकार कालांतर में जिस लंका पर राक्षसों का अधिकार था और बाद में जिसे ब्रह्माजी ने कुबेर को दे दिया था, उस पर पुनः राक्षसों का अधिकार हो गया। इसके अतिरिक्त कुबेर का पुष्पक विमान भी रावण ने छीन लिया था। अब रावण लंका के सिंहासन पर आसीन होकर वहीं से राक्षसों का नेतृत्व करने लगा।

□

वरदान भी, शाप भी

लंका के सिंहासन पर विराजमान होने के बाद रावण ने अपनी शक्ति को बढ़ाना आरंभ कर दिया। उसकी सेना में अनेक शक्तिशाली और मायावी राक्षस सम्मिलित होने लगे। धीरे-धीरे संपूर्ण दक्षिणी भाग में लंकापति रावण का प्रभुत्व स्थापित हो गया।

परंतु माल्यवान् रावण को और अधिक शक्तिशाली बनाना चाहता था। इसलिए जब एक दिन रावण ने नाना माल्यवान् से स्वर्ग पर आक्रमण करने की आज्ञा माँगी, तो वह बोला, ''लंकेश्वर! यद्यपि ब्रह्माजी से वरदान पाकर आप परम शक्तिशाली हो गए हैं, तथापि पूर्णरूप से अपराजित होने के लिए आपको भगवान् शिव की आराधना करनी चाहिए। भगवान् शिव राक्षस जाति के लिए कुल-देवता के

समान हैं। दैत्यगुरु शुक्राचार्य के आराध्यदेव होने के कारण उनका राक्षसों और दैत्यों पर विशेष स्नेह है। देवताओं में केवल वे ही एक परम शक्तिशाली देवता हैं। यदि उनकी कृपा प्राप्त हो जाए तो फिर कोई भी तुम्हें पराजित नहीं कर सकेगा।''

रावण को यह परामर्श उचित लगा और वह उसी दिन कैलास पर जाकर शिवजी की आराधना करने लगा।

देवताओं को रावण के तप के विषय में पता चला तो वे चिंतित हो उठे। 'भक्त की स्तुति से प्रसन्न होकर ही भोलेनाथ उसे असीमित वरदान प्रदान कर देते हैं'–यह सोचकर इंद्र को अपना पद संकट में दिखाई देने लगा। उसने पवनदेव और अग्निदेव को भेजकर रावण की तपस्या खंडित करने का प्रयास किया, परंतु असफल रहे।

रावण को तपस्या करते हुए अनेक वर्ष बीत गए, परंतु भगवान् शिव प्रसन्न न हुए। अंत में रावण विचलित हो उठा और 'ॐ नमः शिवाय' का जाप करते हुए अपने सिर काट-काटकर यज्ञ-अग्नि में अर्पित करने लगा। रावण का सिर जैसे ही यज्ञ-अग्नि में गिरता, संपूर्ण ब्रह्मांड हिल उठता। इस प्रकार रावण ने अपने नौ सिर अर्पित कर दिए।

जब वह अपना अंतिम सिर काटने को उद्यत हुआ, तभी भगवान् शिव साक्षात् प्रकट हो गए। उन्होंने रावण के सभी सिरों को पूर्ववत् कर दिया और स्नेहपूर्वक बोले, ''वत्स, मैं तुम्हारी भक्ति से अत्यंत प्रसन्न हूँ। तुम निर्भय होकर मनोवांछित वर माँग लो।''

रावण ने वर में अतुल्य बल और दिव्यास्त्र माँगे। 'तथास्तु' कहकर भगवान् शिव वहाँ से अंतर्धान हो गए।

वर पाकर रावण अहंकार से भर गया। 'मेरे समान शक्तिशाली इस संसार में दूसरा कोई नहीं है', यह सोचकर वह अपने अतुल्य बल को

आजमाने के लिए लालायित हो उठा। उस समय कैलास से अधिक शक्तिशाली पर्वत कोई दूसरा नहीं था। अतएव शक्ति-प्रदर्शन के लिए वह कैलास को ही उठाने लगा।

कैलास को डाँवाँडोल होते देख शिवजी समझ गए कि रावण को अपनी शक्ति का अहंकार हो गया है। उन्होंने उसे दंडित करने का निश्चय कर अपने पैर के अँगूठे से कैलास को थोड़ा सा दबा दिया। रावण के दोनों हाथ कैलास के नीचे दब गए और वह पीड़ा से तड़पने लगा। उसका अहंकार चूर-चूर हो गया; वह भगवान् शिव की स्तुति करने लगा। तब शिवजी ने रावण को मुक्त कर दिया और उसे शाप दिया कि शीघ्र ही एक साधारण मनुष्य द्वारा उसके अतुल्य बल का नाश हो जाएगा।

इस प्रकार भगवान् शिव ने रावण को वर में अतुल्य बल प्रदान करके शाप द्वारा उसके नाश का मार्ग भी सुनिश्चित कर दिया।

□

दशरथ का विवाह

अतुल्य बल, दिव्यास्त्रों और अमरता-तुल्य वरदान के फलस्वरूप राक्षसराज रावण ने कुछ ही दिनों में देवताओं पर आक्रमण कर दिया। दोनों पक्षों में भयंकर युद्ध हुआ। धीरे-धीरे रावण का पक्ष मजबूत होता चला गया। युद्ध में देवताओं की पराजय हुई और वे प्राण बचाकर इधर-उधर भाग गए। अब सृष्टि की संपूर्ण व्यवस्थाओं पर रावण का अधिकार हो गया। काल रावण के चरणों में बैठकर उसकी चाकरी करने लगा।

एक दिन देवर्षि नारद भ्रमण करते हुए लंका की ओर आ निकले। रावण ने उनका भरपूर आदर-सत्कार किया। रावण की सेवा से प्रसन्न होकर देवर्षि नारद मधुर स्वर में बोले, ‘‘राक्षसराज! आप जैसा परम

तपस्वी, तेजस्वी और पराक्रमी राक्षस संसार में दूसरा नहीं है। आपकी शक्ति के समक्ष देवगण भी भयभीत हैं। निस्संदेह आपके बाद राक्षस-कुल में कोई दूसरा पराक्रमी नहीं होगा।''

''देवर्षि, यह आप क्या कह रहे हैं? क्या आपको ज्ञात नहीं है, ब्रह्माजी ने मुझे अमरता का वरदान दिया है। मैं अमर हूँ। मुझे कोई मार नहीं सकता।''

नारद थोड़ा मुसकराते हुए बोले, ''राक्षसराज! यद्यपि आप ब्रह्माजी के प्रपौत्र हैं, लेकिन उन्होंने आप से छल किया है। याद कीजिए राजन्, उन्होंने वर दिया था कि आपकी मृत्यु मनुष्य के अतिरिक्त अन्य किसी के द्वारा नहीं होगी। भगवान् शिव ने भी आपको शाप दिया था कि शीघ्र ही एक मनुष्य आपके बल के नाश का कारण बनेगा। फिर यह सृष्टि का नियम भी है कि जो जनमा है, एक-न-एक दिन उसकी मृत्यु अवश्य होगी। यदि आपको मेरी बात पर विश्वास न हो तो ब्रह्माजी से पूछ लें। भूत, वर्तमान और भविष्य उनके अधीन हैं। वे आपको सत्य अवश्य बता देंगे।'' इस प्रकार रावण के मन में शंका का बीज रोपकर देवर्षि नारद वहाँ से चले गए।

अब तो रावण के हृदय में अपनी मृत्यु के विषय में जिज्ञासा उत्पन्न हो गई। वह उसी समय ब्रह्माजी के पास गया और अपने मन की बात उन्हें बताई।

ब्रह्माजी बोले, ''वत्स! यह सत्य है कि तुम्हारी मृत्यु निश्चित है। कल अयोध्या के राजा दशरथ का विवाह कौशल देश की राजकुमारी कौशल्या से होगा। विवाह उपरांत रानी कौशल्या एक तेजस्वी बालक को जन्म देंगी और वही बालक तुम्हारी मृत्यु का कारण बनेगा।''

रावण ने इस विवाह को रोककर विधि का विधान बदलने का

निश्चय कर लिया। वहाँ से वह सीधा कौशल देश जा पहुँचा। आधी रात का समय था। सभी सैनिक निद्रावस्था में थे। उपयुक्त अवसर पाकर रावण ने सोती हुई कौशल्या को एक संदूक में बंद किया और उन्हें ले जाकर तिमिंगल नामक दैत्य मित्र को सौंप दिया। तिमिंगल ने उस संदूक को समुद्र के बीच में स्थित एक द्वीप पर छोड़ दिया।

इधर राजा दशरथ जल-मार्ग से बारात लेकर कौशल देश की ओर जा रहे थे। उस समय दैवयोग से भारी वर्षा होने लगी। जल की लहरें आकाश को चूमने लगीं। चारों ओर भयंकर चक्रवात उत्पन्न हो गया। इस तूफान में सभी नावें डूब गईं। राजा दशरथ और उनका मंत्री सुमंत्र किसी तरह एक टूटी हुई नाव को पकड़कर उस द्वीप तक जा पहुँचे, जहाँ तिमिंगल ने संदूक छिपाया था।

द्वीप पर एक विशाल संदूक देखकर राजा दशरथ विस्मित रह गए। उत्सुकतावश जब उन्होंने संदूक खोला तो उसमें से कौशल्या बाहर निकल आईं। दोनों में परिचय का आदान-प्रदान हुआ। भावी पति को अपने समक्ष देखकर कौशल्या लज्जा और संकोच से भर उठीं। दशरथ भी एकटक उन्हें देखते रह गए। तदनंतर सुमंत्र के परामर्श से राजा दशरथ राजकुमारी कौशल्या को लेकर अयोध्या लौट आए और उनसे विधिवत् विवाह कर लिया।

इस प्रकार रावण के अनेक प्रयत्न करने पर भी राजा दशरथ और कौशल्या का विवाह संपन्न हो गया।

□

शनि की ढैया

अयोध्या नगरी में राजा दशरथ राज्य करते थे। वे सत्यवादी राजा हरिश्चंद्र, सगर एवं भगीरथ के वंशज थे तथा उन्हीं के समान प्रतापी भी थे। उनके राज्य में चारों ओर सुख-शांति का वास था। वैभव, ऐश्वर्य और समृद्धि उनके राज्य के कोने-कोने में दिखाई देती थी।

एक बार शनिदेव के आग्रह पर इंद्र ने अयोध्या में वर्षा नहीं की। यह क्रम निरंतर चौदह वर्षों तक चलता रहा। इसके फलस्वरूप अयोध्या का सारा ऐश्वर्य, वैभव और समृद्धि शनैः-शनैः कम होने लगी। चारों ओर अकाल का-सा दृश्य उपस्थित हो गया। लोग अन्न और जल के अभाव में काल का ग्रास बनने लगे।

प्रजा की संकटपूर्ण स्थिति देखकर राजा दशरथ चिंतित हो उठे।

उन्होंने इस विषय पर विद्वानों से परामर्श किया और कोई उपाय करने के लिए कहा। सभी ने एकमत होकर कहा, "राजन्! देवराज इंद्र मेघों को नियंत्रित करते हैं। उनकी आज्ञा से ही वे पृथ्वी पर जल बरसाते हैं। अतः इस विषय में आप उनसे पूछें। अवश्य ही इसके पीछे कोई गूढ़ भेद छिपा हुआ है।"

महाराज दशरथ ने कुछ देर विचार किया और फिर रथ पर बैठकर इंद्र से मिलने चल पड़े।

राजा दशरथ को आया देख इंद्र स्वयं उनके स्वागत के लिए आए। अतिथि-सत्कार के बाद इंद्र ने राजा दशरथ से वहाँ आने का कारण पूछा। दशरथ थोड़ा सा क्रोधित होकर बोले, "देवराज! आपने पिछले चौदह वर्षों से अयोध्या में वर्षा नहीं की। लोग अन्न-जल के अभाव में प्राण त्याग रहे हैं। इसके बाद भी आप मेरे यहाँ आने का कारण पूछ रहे हैं? क्या मेघों ने अयोध्या का मार्ग भुला दिया? क्या अब मुझे अपने बाणों द्वारा उनका मार्गदर्शन करना पड़ेगा?"

इंद्र विनम्र स्वर में बोले, "राजन्! आपका क्रोध उचित है, परंतु इसके पीछे शनिदेव की इच्छा है। उन्हीं की आज्ञा के कारण मैं विवश हूँ। आप उनके पास जाकर इस विषय में पूछ सकते हैं। मुझे विश्वास है कि वे आपकी इस समस्या का समाधान अवश्य करेंगे।"

तदनंतर दशरथ शनिदेव से मिलने चल दिए।

जैसे-जैसे दशरथ आगे बढ़े वैसे-वैसे उनके कवच, अस्त्र, शस्त्र और रथ एक-एक कर नीचे गिरते गए। अंत में वे स्वयं रथविहीन होकर आकाश से गिर पड़े। तेजी से पृथ्वी पर गिरते दशरथ को अपना अंत निकट प्रतीत हो रहा था। अभी वे पृथ्वी से टकराने ही वाले थे कि तभी विशालकाय पंजों ने उन्हें दबोच लिया और सुरक्षित स्थान

पर उतार दिया। दशरथ के लिए यह किसी चमत्कार से कम नहीं था। उन्होंने जैसे ही अपने रक्षक को देखा, वे आश्चर्य से भर उठे। इतना विशालकाय पक्षी उन्होंने आज तक नहीं देखा था। उन्होंने उसका परिचय पूछा।

पक्षी विनम्र स्वर में बोला, ''राजन्! मैं पक्षिराज गरुड़ का पुत्र जटायु हूँ। आपको आकाश से गिरता देखा तो सहायता हेतु दौड़ा आया। परंतु आप गिरे कैसे? आप कहाँ जा रहे थे?''

दशरथ ने सारी बात बताई। तत्पश्चात् जटायु स्वयं उन्हें साथ लेकर शनिदेव के पास गया। दशरथ ने शनिदेव से अयोध्या में वर्षा न करने का कारण पूछा। तब शनिदेव बोले, ''राजन्! विधि के विधान के अनुसार मनुष्य को जीवन में एक बार शनि की ढैया का सामना अवश्य करना पड़ता है। मेरी छाया के कारण आपको ये कष्ट भोगने

थे, इसलिए आपके साथ यह घटित हुआ। परंतु अब मेरा प्रभाव समाप्त हो रहा है। अब आप अयोध्या लौट जाएँ। शीघ्र ही अयोध्या में वर्षा होगी और पुनः वैभव, ऐश्वर्य एवं समृद्धि का वास हो जाएगा।''

शनिदेव से आश्वासन पाकर राजा दशरथ जटायु के साथ पृथ्वी पर लौट आए। फिर दोनों एक-दूसरे को मित्रता का वचन देकर अपनी-अपनी राह चले गए।

□

दो वरदान

राजा दशरथ ने कौशल्या के अतिरिक्त सौमेत्र की राजकुमारी सुमित्रा और कैकय देश की राजकुमारी कैकेयी के साथ भी विवाह किया था। यद्यपि वे तीनों रानियों से अगाध प्रेम करते थे, तथापि सबसे छोटी रानी कैकेयी के प्रति उनके मन में विशेष अनुराग था। कैकेयी भी उन्हें एक पल के लिए अकेला नहीं छोड़ती थी। इसी प्रकार सुखपूर्वक जीवन व्यतीत करते हुए अनेक वर्ष बीत गए।

एक बार राक्षसों ने एकत्रित होकर देवताओं पर आक्रमण कर दिया। इस देवासुर संग्राम में शक्तिशाली और मायावी राक्षसों के समक्ष इंद्र आदि देवताओं का प्रभाव क्षीण पड़ गया। देवताओं को अपनी पराजय का आभास होने लगा था। ऐसी विषम परिस्थिति में देवराज

इंद्र अन्य देवताओं के साथ ब्रह्माजी की शरण में गए और उनसे सहायता की प्रार्थना की।

तब ब्रह्माजी बोले, ''देवेंद्र! आपको इस स्थिति से केवल परमवीर और प्रतापी राजा दशरथ ही बचा सकते हैं। उनके कुशल नेतृत्व में देवता अवश्य ही असुरों को पराजित कर देंगे।''

इंद्र उसी समय राजा दशरथ के समक्ष उपस्थित हुए और प्रार्थना करते हुए बोले, ''हे राजन्! सृष्टि पर आज घोर संकट घिर आया है। राक्षसों ने स्वर्ग पर आक्रमण कर संपूर्ण व्यवस्थाओं को नष्ट-भ्रष्ट कर दिया है। देवताओं की शक्ति भी उनके समक्ष क्षीण पड़ रही है। आपके अतिरिक्त कोई भी उनका संहार करने में समर्थ नहीं है। इसलिए हे रघुकुलनंदन! सृष्टि के कल्याण हेतु आप युद्ध में हमें अपना नेतृत्व प्रदान करें।''

दशरथ ने इंद्र की प्रार्थना स्वीकार कर ली और चतुरंगिणी सेना लेकर देवताओं की ओर से युद्ध करने लगे। इस युद्ध में कैकेयी भी उनके साथ थी।

परम पराक्रमी दशरथ ने युद्ध में राक्षसों के दाँत खट्टे कर दिए। उनके बाणों से राक्षस वृक्ष की भाँति कट-कटकर रणभूमि में गिरने लगे। तभी सहसा दशरथ के रथ की धुरी पर एक बाण आकर लगा और धुरी टूट गई। रथ लहराने लगा; उसका पहिया किसी भी समय बाहर निकल सकता था। ऐसे समय में दशरथ के साथ बैठी रानी कैकेयी ने अपनी उँगली धुरी के स्थान पर फँसा दी; पहिया अपने स्थान पर जाकर पुनः स्थिर हो गया। इस प्रकार कैकेयी ने राजा दशरथ की रक्षा की।

दूसरे दिन राक्षसों ने पुनः पूरे वेग से दशरथ पर आक्रमण किया।

दशरथ ने उनके प्रत्येक वार का प्रत्युत्तर दिया। लेकिन राक्षसों ने उनके सारथि को मार डाला। दशरथ का रथ राक्षसों की सेना के बीच घिर गया। ऐसे विकट समय में कैकेयी सारथि के स्थान पर आ बैठी और कुशलतापूर्वक रथ चलाते हुए दशरथ को राक्षसों के घेरे से बाहर निकाल लाईं। तदनंतर दशरथ ने दिव्यास्त्रों का प्रयोग कर सभी राक्षसों को पराजित कर रणक्षेत्र से भागने पर विवश कर दिया।

अंततः देवताओं की विजय हुई और उन्होंने दशरथ को अमूल्य भेंट आदि देकर विदा किया। कैकेयी ने अपने प्राण संकट में डालकर दो बार उनके प्राणों की रक्षा की थी। अतएव उन्होंने कैकेयी से दो वरदान माँगने के लिए कहा। कैकेयी ने समय आने पर वर माँगने की बात कही। ये वही दो वरदान थे जो कैकेयी ने राम के राज्याभिषेक के समय राजा दशरथ से माँग लिये थे। एक—राम को चौदह वर्ष का वनवास और दूसरा—भरत को अयोध्या का राज्य।

□

अजेय-अमर हनुमान

हनुमान वानरराज केसरी और अंजनी की संतान थे। उन्हें भगवान् रुद्र (शिव) का अवतार भी कहा जाता है। उनके जन्म की कथा इस प्रकार है–

समुद्र-मंथन के समय समुद्र में से अनेक दिव्य वस्तुओं तथा अमृत के अतिरिक्त कालकूट नामक भयंकर विष भी निकला। वह विष इतना तीव्र था कि उसके प्रभाव से संपूर्ण सृष्टि संतप्त होने लगी। चारों ओर हाहाकार मच गया। तब देवताओं की प्रार्थना पर सृष्टि के कल्याण हेतु भगवान् शिव ने उस विष का पान कर लिया। यद्यपि विष उनके कंठ में स्थिर हो गया, तथापि उसके प्रभाव से उनका रोम-रोम जलने लगा। उन्हें इस विषम स्थिति से बचाने के

लिए भगवान् विष्णु ने मोहिनी रूप धारण किया। इसके फलस्वरूप भगवान् शिव के शरीर से दिव्य तेज निकला, जिसे पवनदेव ने वानरराज केसरी की पत्नी अंजनी के गर्भ में स्थापित कर दिया। इसी से हनुमान का जन्म हुआ। इस प्रकार हनुमानजी को 'केसरीपुत्र' के साथ-साथ 'पवनपुत्र' भी कहा जाता है। उन्हीं के वरदान से वे आकाश में कहीं भी उड़कर जा सकते थे।

एक बार बालक हनुमान माता अंजनी के साथ महल की छत पर खेल रहे थे। सहसा उनकी दृष्टि आकाश में चमकते सूर्य पर पड़ी। जिज्ञासावश उन्होंने माता से उसके बारे में पूछा। अंजनी ने उन्हें बहलाते हुए कहा, "पुत्र, यह लाल रंग का एक फल है। इसकी चमक ही चारों ओर रोशनी फैलाती है।"

अंजनी ने परिहास में सूर्य को फल कहा था, लेकिन हनुमान सच में सूर्य को फल समझ बैठे। वे सोचने लगे कि जिस फल की इतनी चमक है, वह खाने में कितना स्वादिष्ट होगा। यह सोचकर उनका मन आकाश में चमकते उस फल को खाने के लिए मचल उठा। जैसे ही माता अंजनी किसी कारणवश आँखों से ओझल हुईं, नटखट हनुमान एक लंबी छलाँग लगाकर सूर्य के पास पहुँच गए और देखते-ही-देखते उसे अपने मुँह में रख लिया। सूर्य के छिपते ही सारे संसार में अंधकार व्याप्त हो गया। एकाएक फैले अंधकार से इंद्रादि देवगण भी भयभीत हो गए। उन्होंने हनुमान से सूर्य को छोड़ने को कहा। लेकिन उन्होंने सूर्य को नहीं छोड़ा। तब इंद्र ने क्रोधित होकर उनपर वज्र से प्रहार किया और सूर्य को मुक्त करवा लिया।

वज्र के अमोघ प्रहार से हनुमान अचेत होकर भूमि पर आ गिरे। जब इस घटना के बारे में पवनदेव को पता चला तो उनके क्रोध का

ठिकाना न रहा। बालक हनुमान पर अहंकारी इंद्र ने वज्र का प्रहार किया, इस बात से रुष्ट होकर उन्होंने संपूर्ण जगत् की प्राणवायु रोक ली। वायु के अभाव में सृष्टि जड़ होने लगी।

तब त्रिदेव पवनदेव के सम्मुख उपस्थित हुए और उन्हें समझाते हुए बोले, ''पवनदेव! इंद्र ने सृष्टि के कल्याण के लिए हनुमान पर वज्र-प्रहार किया था। किसी को भी ब्रह्मा द्वारा बनाई गई व्यवस्था को भंग करने का अधिकार नहीं है। इसलिए तुम क्रोध त्याग दो। हम वरदान देते हैं कि हनुमान पर वज्र सहित किसी भी अस्त्र-शस्त्र का कोई प्रभाव नहीं होगा। इसके अतिरिक्त सृष्टि में वह सबसे अधिक बुद्धिमान और शक्तिशाली होगा।''

तदनंतर त्रिदेवों के आशीर्वाद से हनुमान उसी समय उठ खड़े हुए।

इस प्रकार वरदान पाकर हनुमान सदैव के लिए अजेय और अमर हो गए।

□

हनुमान को शाप

हनुमान बाल्यकाल से ही बहुत नटखट और चंचल थे। त्रिदेवों द्वारा अतुल्य बल प्राप्त होने से उनकी चंचलता में वृद्धि होने लगी। अब वे मित्र-मंडली के साथ वन में यहाँ-वहाँ निकल जाते और संपूर्ण वन को तहस-नहस कर डालते। उनकी इस उद्दंडता से अनेक निर्दोष प्राणी मारे जाते तथा अनेक ऋषि-मुनियों को भी कष्ट झेलना पड़ता। फिर भी सभी धैर्य का घूँट पीकर रह जाते थे।

एक बार हनुमान अपने मित्रों के साथ वन में भ्रमण कर रहे थे। तभी उनकी दृष्टि एक आश्रम पर पड़ी। उस समय वहाँ कुछ ऋषि हवन कर रहे थे। उन्हें देखकर हनुमान के मन में चंचलता उमड़ने लगी। उन्होंने साथियों को पास बुलाया और धीरे से बोले, "मित्रो! इस

समय सभी ऋषि आँखें बंद किए हवन कर रहे हैं। आओ, इनके साथ थोड़ी सी ठिठोली कर ली जाए। इन्हें तंग करने में बहुत आनंद आएगा।''

हनुमान की बात सुनकर सभी बहुत प्रसन्न हुए; परंतु साथ ही वे जानते थे कि यह आश्रम ऋषियों का है। यदि वे क्रोधित हो गए तो अनर्थ हो जाएगा। इसलिए वे हनुमान को समझाते हुए बोले, ''छोड़ो हनुमान, हम कोई और खेल खेलते हैं। ये ऋषि इस समय हवन में व्यस्त हैं। इन्हें तंग करना उचित नहीं है। कहीं ऐसा न हो कि हम खेल-खेल में इनके शाप के भागी बन जाएँ।''

हनुमान हँसते हुए बोले, ''ये ऋषि हमारा कुछ भी अहित नहीं कर पाएँगे। तुम जानते ही हो कि मुझे वरदान प्राप्त है-कोई भी मेरा अहित नहीं कर सकता। इसलिए तुम भयरहित होकर मेरे साथ आओ। इससे अधिक मनोरंजक खेल तुमने आज तक नहीं खेला होगा।''

यह कहकर हनुमान आश्रम में प्रविष्ट हो गए और हुड़दंग मचाने लगे। कभी वे ऋषियों के बाल खींचते तो कभी उनकी गोद में बैठ जाते; कभी हवन-सामग्री इधर-उधर कर देते तो कभी पेड़ से फल तोड़कर उन पर फेंकने लगते। ऋषियों ने हनुमान को समझाने के बहुत प्रयत्न किए, किंतु सब व्यर्थ। हनुमान कहाँ किसी की सुननेवाले थे। वे तो अपनी शरारतों में मगन थे।

जैसे-जैसे हनुमान की उद्दंडता बढ़ने लगी, वैसे-वैसे ऋषियों का धैर्य छूटने लगा। अंत में वे क्रोधित होकर बोले, ''हे शैतान वानर ! हम तुझे शाप देते हैं, जिस बल के अहंकार में भरकर तू इतना उत्पात मचा रहा है, वह तुझे विस्मृत हो जाए।''

शाप के प्रभाव से देखते-ही-देखते हनुमान का बल क्षीण हो

गया। वे एक साधारण वानर के समान दिखाई देने लगे। तब हनुमान प्रत्युत्तर देते हुए बोले, ''ऋषियो! वानर होने के कारण उत्पात मचाना मेरा कर्म है। मैं अपने कर्म से भला कैसे विमुख हो सकता हूँ? उस पर मैं एक बालक हूँ। बालक और वानर को तो सबकुछ क्षम्य है। आपने व्यर्थ में ही मुझे शाप दे दिया।''

अब तक ऋषियों का क्रोध शांत हो चुका था। वे हनुमान को समझाते हुए बोले, ''वत्स! यद्यपि हमारा शाप व्यर्थ नहीं जाएगा, तथापि हम तुम्हें वर देते हैं कि जब भी कोई तुम्हें तुम्हारे बल और पराक्रम का स्मरण करवाएगा, तुम्हें पुनः अतुल्य बल प्राप्त हो जाएगा।''

हनुमान को मिले इस शाप का निदान रीछराज जांबवंत द्वारा हुआ था। सीताजी को खोजते हुए जब वे दक्षिण भारत के समुद्र-तट पर पहुँचे थे, तब उन्होंने ही हनुमान को उनके अतुल्य बल का स्मरण करवाया था।

□

गुरु-दक्षिणा

हनुमान जब कुछ बड़े हुए तो वानरराज केसरी को उनकी शिक्षा-दीक्षा की चिंता सताने लगी। वे हनुमान को विद्यार्जन के लिए एक योग्य गुरु के पास भेजना चाहते थे। इसके लिए उन्होंने अपने आस-पास का सारा क्षेत्र छान मारा, परंतु ऐसा कोई भी गुरु उन्हें नहीं मिला।

एक दिन वे इसी चिंता में डूबे थे कि तभी देवर्षि नारद का वहाँ आगमन हुआ। वानरराज केसरी ने उनका भरपूर आदर-सत्कार किया। नारदजी को केसरी के चेहरे पर चिंता के बादल मँडराते दिखाई दिए। उन्होंने इसका कारण पूछा। तब केसरी विनम्र स्वर में बोले, "देवर्षि, आप तो त्रिकालदर्शी हैं। आपसे भला कौन सी बात छिपी है! मैं

हनुमान की शिक्षा-दीक्षा को लेकर बहुत चिंतित हूँ। विद्यार्जन के लिए उसे किस योग्य गुरु के पास भेजूँ, यही मेरी चिंता का मुख्य कारण है। देवर्षि, अब आप ही मेरा मार्गदर्शन कीजिए।''

देवर्षि नारद हँसते हुए बोले, ''हे वानरराज! तुमने हनुमान के लिए गुरु की खोज ही गलत दिशा में की है। इस पृथ्वी पर कोई भी हनुमान से अधिक बुद्धिमान और श्रेष्ठ नहीं है। इसलिए तुम्हें अभी तक कोई योग्य गुरु नहीं मिला। वानरराज केसरी, मेरी दृष्टि में केवल भगवान् सूर्यदेव ही हनुमान के गुरु बनने योग्य हैं। इसलिए तुम उनकी शरण में जाओ। वे भी हनुमान जैसा शिष्य पाकर धन्य हो जाएँगे।''

केसरी उसी दिन भगवान् सूर्य के पास गए और उनसे हनुमान का गुरु बनने की प्रार्थना की। सूर्यदेव इसके लिए सहर्ष तैयार हो गए। हनुमान सूर्यलोक में रहते हुए विद्यार्जन करने लगे। सूर्यदेव ने उन्हें शास्त्रों के साथ-साथ अस्त्र-शस्त्र संचालन की शिक्षा भी दी। उनके पराक्रम और बल के समक्ष देवगण भी नतमस्तक होने लगे। इस प्रकार अनेक वर्ष बीत गए।

एक दिन सूर्यदेव ने हनुमान को अपने पास बुलाकर कहा, ''वत्स हनुमान! आज तुम्हारी शिक्षा पूर्ण हुई। मैंने अपना संपूर्ण अर्जित ज्ञान तुम्हें प्रदान कर दिया है। तुम्हें देने के लिए मेरे पास कुछ शेष नहीं बचा। इसलिए अब तुम पृथ्वीलोक जाने की तैयारी करो।''

गुरु की बात सुनकर कुछ देर के लिए हनुमान भाव-विह्वल हो गए। तदनंतर वे स्वयं को सँभालते हुए बोले, ''जैसी आपकी आज्ञा गुरुदेव! आपने सदा मुझे अपने पुत्र के समान समझकर दुर्लभ ज्ञान प्रदान किया है। इसके लिए मैं सदैव आपका ऋणी रहूँगा। परंतु फिर भी, मैं अपने शिष्य होने के कर्तव्य से मुक्त नहीं हो सकता। इसलिए

गुरु–दक्षिणा दिए बिना मैं यहाँ से नहीं जा सकता। आप गुरु–दक्षिणा लेकर मुझे कृतार्थ करें।''

सूर्यदेव ने हनुमान को अनेक प्रकार से समझाने की कोशिश की, लेकिन हनुमान ने गुरु–दक्षिणा दिए बिना वापस जाने से इनकार कर दिया। तब सूर्यदेव प्रसन्न होकर बोले, ''वत्स! तुम्हारी गुरुभक्ति से मैं संतुष्ट हूँ। वत्स! पृथ्वी पर किष्किंधा में मेरा पुत्र सुग्रीव रहता है। आनेवाले समय में उसे तुम्हारी सहायता की आवश्यकता पड़ेगी। इसलिए तुम सदैव उसकी रक्षा करना। यही मेरी गुरु–दक्षिणा होगी।''

हनुमान ने सूर्यदेव को वचन दिया कि वे सुग्रीव के साथ रहते हुए सदैव उसकी रक्षा करेंगे। इसके बाद वे घर लौट आए। कुछ दिन माता–पिता के साथ रहने के बाद हनुमान अपने वचन को पूर्ण करने के लिए सुग्रीव के पास चले गए। इस प्रकार हनुमान ने गुरु को दिए वचन का जीवन भर अनुपालन किया।

□

डाकू से महर्षि

एक ब्राह्मण परिवार में पुत्र-रूप में खुशियों का आगमन हुआ। उत्सव की तैयारी जोरों पर चल रही थी। घर में बंधु-बांधवों का जमघट लगा हुआ था। पुत्र-जन्म से प्रसन्न ब्राह्मण-ब्राह्मणी अतिथियों की आवभगत में लगे हुए थे। रात्रि को जब सभी थक-हारकर सो गए, तब एक भीलनी छिपती-छिपाती घर में प्रविष्ट हुई और दस दिन के नवजात शिशु को चुराकर ले गई। वन में रहनेवाली वह भीलनी निस्संतान थी। उसने बालक का नाम 'रत्नाकर' रखा और पुत्र की भाँति उसका लालन-पालन करने लगी।

धीरे-धीरे समय बीतने लगा, रत्नाकर युवा हो गया। भीलों के बीच पले-बढ़े रत्नाकर का स्वभाव और कर्म भी भीलों के समान हो

गए। विवाह योग्य होने पर भीलनी ने उसका विवाह कर दिया। तत्पश्चात् परिवार के भरण-पोषण के लिए रत्नाकर वन के राहगीरों को मारकर उनका सामान लूटने लगा। इस प्रकार माया के बंधनों में जकड़ा हुआ रत्नाकर आकंठ पापों में डूब गया।

एक दिन वृक्ष के पीछे छिपा रत्नाकर राहगीरों की प्रतीक्षा कर रहा था। तभी उसे सप्तर्षि आते दिखाई दिए। 'आज का दिन इन मुनियों से ही आरंभ करना पड़ेगा', यह सोचकर रत्नाकर तलवार लिये सप्तर्षियों के सामने आ खड़ा हुआ और दहाड़ते हुए बोला, "तुम्हारे पास जो कुछ भी है, मेरे हवाले कर दो। नहीं तो अभी इस तलवार से तुम्हारे सिर धड़ से अलग कर दूँगा।"

सप्तर्षि हँसते हुए बोले, "मूर्ख! हम तो रमते योगी हैं। हमारे पास सिर्फ कमंडलु हैं। तुम्हें चाहिए तो अवश्य ले लो। लेकिन इसके लिए हमें मारकर तुम्हें क्या मिलेगा? व्यर्थ में ही तुम पाप के भागी बन जाओगे।"

"मुझे पाप-पुण्य से कुछ लेना-देना नहीं है। परिवार का भरण-पोषण करना मेरा कर्तव्य है और उनके लिए मैं किसी को भी मार सकता हूँ।" रत्नाकर ने पुनः कठोर स्वर में कहा।

"लेकिन तुम जिनके लिए यह पापकर्म कर रहे हो, क्या वे तुम्हारे इन पापों में भागीदार होंगे? जाओ, एक बार उनसे पूछकर आओ कि क्या वे तुम्हारे पापों को बाँटेंगे? हम तुम्हारी यहीं प्रतीक्षा कर रहे हैं।" सप्तर्षियों ने उसके मर्मस्थल पर चोट की।

रत्नाकर उसी समय भागता हुआ घर गया। उसने माँ, पत्नी और बच्चों से एक-एक कर पूछा, "मैं तुम्हारे लिए अनेक पापकर्म करता हूँ। क्या तुम मेरे पापों में भागीदार बनोगे?"

लेकिन सभी ने यह कहते हुए इनकार कर दिया–"हमारा पालन–पोषण करना तुम्हारा कर्तव्य है। तुम पाप से धन कमाते हो या पुण्य से, हमें इससे कोई सरोकार नहीं। तुम अपने पापों के लिए स्वयं जिम्मेदार हो।"

रत्नाकर की आँखें खुल गईं। वह उसी समय सदा के लिए घर एवं परिवार त्यागकर सप्तर्षियों के पास लौट आया और पैरों में गिरकर अपने उद्धार का मार्ग पूछने लगा।

सप्तर्षि उसे भगवान श्रीराम का स्मरण करने को कहकर वहाँ से चले गए। रत्नाकर वहीं एक वृक्ष के नीचे समाधि लगाकर 'राम–राम' का जाप करने लगा।

यही रत्नाकर आगे चलकर रामायण के रचयिता महर्षि वाल्मीकि के नाम से विख्यात हुआ।

□

ताड़का और मारीच

सुकेतु एक धर्मात्मा, तपस्वी और दयालु राजा थे। यद्यपि उनके विवाह को अनेक वर्ष बीत गए थे, तथापि उन्हें अभी तक संतान का मुख देखने का सौभाग्य प्राप्त नहीं हुआ था। इसलिए वे सदैव चिंतित रहते थे। एक बार उनके महल में एक ऋषि का आगमन हुआ। सुकेतु ने उनका यथोचित आदर-सत्कार किया।

कुछ दिन वहाँ रहने के बाद जब ऋषि जाने लगे तो उन्होंने सुकेतु से कहा, "राजन्! तुम्हारे अतिथि-सत्कार से मैं बहुत संतुष्ट हूँ। तुमने पूरी निष्ठा से मेरी सेवा की है। अब मेरे जाने का समय आ गया है। परंतु जाने से पूर्व मैं उस दु:ख के नाश का उपाय बताना चाहता हूँ,

जिससे तुम दिन-रात घिरे रहते हो। राजन्! यदि तुम ब्रह्माजी को प्रसन्न कर लो तो वे अवश्य ही तुम्हें संतान प्रदान करेंगे। तुम तपस्या द्वारा उनसे वरदान प्राप्त करो।'' यह कहकर ऋषि वहाँ से चले गए।

इधर सुकेतु ने अपनी पत्नी को ऋषि की बात बताई और उसी दिन तपस्या करने के लिए वन में चले गए। उन्होंने अनेक वर्षों तक कठोर तप किया। अंत में उनके तप से प्रसन्न होकर ब्रह्माजी साक्षात् प्रकट हुए और वर माँगने को कहा। सुकेतु ने अपनी इच्छा प्रकट की।

ब्रह्माजी कुछ क्षण के लिए ध्यान-मग्न हो गए। तदनंतर सुकेतु को समझाते हुए बोले, ''वत्स! तुम्हारे भाग्य में पुत्र का सुख नहीं है। लेकिन मैं तुम्हारी तपस्या से अत्यंत प्रसन्न हूँ। इसलिए पुत्र के स्थान पर मैं तुम्हें एक दिव्य कन्या-प्राप्ति का वरदान देता हूँ। तुम्हारी वह कन्या पुत्रों से भी बढ़कर होगी। उसमें सहस्रों हाथियों का बल होगा।''

''जैसी आपकी आज्ञा, परमपिता!'' यह कहकर सुकेतु ने ब्रह्माजी का वर स्वीकार कर लिया।

उचित समय पर सुकेतु की पत्नी ने एक कन्या को जन्म दिया। जन्म लेते ही उसकी हुंकार से तीनों लोक काँप उठे, आकाश में बिजलियाँ तड़तड़ाने लगीं। यह सब देखकर सुकेतु ने उसका नाम 'ताड़का' रख दिया। ताड़का अत्यंत विशालकाय तथा शक्तिशाली थी। इसलिए जब वह विवाह योग्य हुई तो कोई भी राजकुमार उससे विवाह करने को तैयार न हुआ। तब सुकेतु ने उसका विवाह सुंद नामक दैत्य से कर दिया, जो जंभासुर का पुत्र था। विवाह के उपरांत ताड़का ने एक पुत्र को जन्म दिया, जो उसी के समान परम शक्तिशाली था। उसका नाम 'मारीच' रखा गया। मारीच बड़ा मायावी था। वह तरह-तरह के रूप धारण करने में दक्ष था।

सुंद के साथ रहते हुए ताड़का भी राक्षसी प्रवृत्ति की हो गई। वह अपने पति और पुत्र के साथ वन में रहनेवाले ऋषि-मुनियों पर अत्याचार करने लगी। उसने शक्ति के अहंकार में भरकर सारे वन को नष्ट कर डाला। जब उसके अत्याचार बढ़ने लगे तब महर्षि विश्वामित्र अयोध्या के राजकुमार श्रीराम और लक्ष्मण को लेकर वहाँ आए।

विश्वामित्र द्वारा प्रेरित किए जाने पर श्रीराम ने ताड़का को युद्ध के लिए ललकारा। ललकार सुनकर ताड़का अपने पुत्र मारीच के साथ दौड़ती हुई आई और राम-लक्ष्मण पर पत्थरों की वर्षा करने लगी। तब श्रीराम ने एक बाण मारकर ताड़का का अंत कर दिया, जबकि एक बाण से मारीच को मीलों दूर समुद्र के किनारे पर फेंक दिया। मारीच वहीं रहते हुए भगवान् श्रीराम की भक्ति में लीन हो गया।

इस प्रकार ताड़का को मारकर भगवान् श्रीराम ने ऋषि-मुनियों की रक्षा की।

□

अहल्या का उद्धार

अहल्या ब्रह्माजी की अति सुंदर और गुणवती कन्या थी। उसका सौंदर्य स्वर्ग की अप्सराओं को भी लजा देता था। स्वयं देवराज इंद्र भी उससे विवाह करना चाहते थे। इस संबंध में उन्होंने ब्रह्माजी के समक्ष अपनी इच्छा भी प्रकट की थी। परंतु ब्रह्माजी अपनी पुत्री का विवाह किसी ऐसे व्यक्ति के साथ करना चाहते थे, जो परम तपस्वी और धर्म-कर्म में लीन रहनेवाला हो। उन्होंने जब वर की खोज की तो उन्हें गौतम ऋषि के अतिरिक्त कोई दूसरा योग्य वर न मिला। तब उन्होंने अहल्या का विवाह गौतम ऋषि के साथ कर दिया। पति-पत्नी सुखपूर्वक जीवन व्यतीत करने लगे।

परंतु इंद्र से उनका वैवाहिक सुख देखा नहीं गया। वे पहले से ही

अहल्या को प्राप्त करना चाहते थे। उन्हें जब से अहल्या और गौतम ऋषि के विवाह का समाचार मिला था, तभी से वे ईर्ष्या की आग में जल रहे थे। वे किसी भी तरह से उसे प्राप्त कर लेना चाहते थे। अहल्या को पाने के लिए इंद्र ने एक योजना बनाई। इस योजना में उन्होंने चंद्रमा को भी सम्मिलित कर लिया।

एक बार आधी रात के समय चंद्रमा मुरगा बनकर बाँग देने लगा। गौतम ऋषि ने समझा कि भोर होने वाली है, अतएव वे उसी समय स्नान के लिए चल पड़े। उनके जाने के बाद इंद्र ने गौतम ऋषि का वेश धारण किया और अहल्या के पास आकर सो गए।

जल्दी ही गौतम ऋषि स्नान करके वापस लौट आए। उन्होंने जब इंद्र को अपने वेश में देखा तो पल भर में सारी बात समझ गए। वे क्रोध से भर उठे और शाप देते हुए बोले, ''पापी! तूने मेरी पत्नी से छल किया है। तेरा यह पाप कदापि क्षमा योग्य नहीं है। जा, मैं तुझे शाप देता हूँ कि तू इसी समय नपुंसक हो जाए।''

अब तक इंद्र के शरीर से काम का आवेग समाप्त हो चुका था। उन्हें अपराध-बोध सताने लगा। उन्होंने गौतम ऋषि से क्षमा-याचना की, परंतु उन्होंने इंद्र को कठोरतापूर्वक वहाँ से चले जाने को कहा। इंद्र अपराध का बोझ लिये स्वर्ग लौट गए।

तदनंतर गौतम ऋषि अहल्या को संबोधित करते हुए बोले, ''दुष्टे! इस नीच कर्म में जितना इंद्र दोषी है उतनी ही तुम भी दोषी हो। इसलिए मैं तुम्हें शिलारूपा होने का शाप देता हूँ!''

शाप से भयभीत अहल्या करुण स्वर में बोली, ''ऋषिवर! मुझसे यह पाप अनजाने में हुआ है। मैं आपके वेश में आए इंद्र को पहचान न सकी। मुझे इतना बड़ा दंड मत दीजिए।''

तब गौतम ऋषि अहल्या को सांत्वना देते हुए बोले, ''मेरा शाप लौट नहीं सकता; परंतु मैं तुम्हें वरदान देता हूँ कि त्रेतायुग में जब भगवान् श्रीराम इस आश्रम में पधारेंगे, तब उनके स्पर्श मात्र से तुम अपना रूप और शरीर पुनः प्राप्त कर लोगी।''

इसके बाद अहल्या वहीं पर शिलारूपा हो गईं। त्रेतायुग में ताड़का-वध के बाद श्रीराम और लक्ष्मण महर्षि विश्वामित्र के साथ गौतम ऋषि के आश्रम में पधारे थे। उस समय महर्षि विश्वामित्र के कहने पर श्रीराम ने अपने पैर के अँगूठे से शिलारूपा अहल्या को स्पर्श किया था। श्रीराम के स्पर्श मात्र से अहल्या ने पुनः अपना वास्तविक रूप प्राप्त कर लिया था।

□

सीता-स्वयंवर

मिथिला के राजा जनक परम तपस्वी, प्रतापी, दयालु और प्रजा-वत्सल थे। उनके राज्य में वैभव, न्याय, लक्ष्मी और धर्म का वास था। प्रजा सुखपूर्वक जीवनयापन कर रही थी। एक बार मिथिला में अनेक वर्षों तक मेघों ने जल नहीं बरसाया। इसके फलस्वरूप मिथिला की प्रजा को भयंकर अकाल का सामना करना पड़ा। अकाल ने अनेक लोगों के प्राण हर लिये। चारों ओर अन्न-जल की कमी हो गई। ऐसी विकट स्थिति से निपटने के लिए राजा जनक ने मंत्रियों से परामर्श किया।

मंत्रियों ने कहा, ''राजन्! लगता है, हमारे किसी कार्य से देवराज

इंद्र रुष्ट हो गए हैं। इसलिए हमें उनके कोप का सामना करना पड़ रहा है। अतएव हे राजन्! आप यज्ञ करके इंद्र को प्रसन्न करें। उनकी प्रसन्नता राज्य पर वैभव और समृद्धि के रूप में बरसेगी।''

राजा जनक ने अनेक ऋषि-मुनियों को आमंत्रित कर एक विशाल यज्ञ का आयोजन किया। वेद-मंत्रों के उच्चारण के साथ यज्ञाग्नि में आहुतियाँ पड़ने लगीं। पूजा-अर्चना से दसों दिशाएँ गुंजायमान होने लगीं।

यज्ञ के अंतिम दिन देवराज इंद्र स्वयं यज्ञाग्नि में से प्रकट हुए और जनक को संबोधित करते हुए बोले, ''राजन्! तुम्हारे यज्ञ से मैं पूर्णतः संतुष्ट हूँ। कल प्रातःकाल तुम खेत में स्वयं हल चलाकर मेरा स्वागत करना। मैं भरपूर वर्षा द्वारा मिथिला के अकाल को समाप्त कर दूँगा।'' यह कहकर इंद्र अंतर्धान हो गए।

दूसरे दिन प्रातःकाल महाराज जनक खेत में हल चलाने लगे। तभी उनका हल पृथ्वी में दबी किसी वस्तु से टकराया। जब उस स्थान को खोदा गया तो वहाँ से एक संदूक निकला। संदूक में एक नवजात कन्या को देखकर सभी विस्मित रह गए। राजा जनक ने जैसे ही उस कन्या को गोद में लिया, भयंकर गर्जन करते हुए मेघ उमड़ आए और मूसलधार वर्षा होने लगी। देखते-ही-देखते मिथिला पुनः हरी-भरी हो गई।

उसी समय एक आकाशवाणी हुई—''राजा जनक! पृथ्वी के गर्भ से उत्पन्न यह कन्या संसार में 'सीता' के नाम से प्रसिद्ध होगी। तुम इसे पुत्री के रूप में स्वीकार करो।''

तदनंतर सीता को लेकर राजा जनक महल में लौट आए और अपनी रानी सुनयना के साथ उसका लालन-पालन करने लगे।

सीता अत्यंत रूपवती तथा समस्त गुणों से संपन्न थीं। जब वे युवा हुईं तो राजा जनक को उनके विवाह की चिंता सताने लगी। तब उन्होंने एक स्वयंवर का आयोजन किया। इसमें उन्होंने महर्षि परशुराम द्वारा प्रदत्त भगवान् शिव का धनुष रखा और घोषणा करवाई कि जो राजकुमार उस धनुष को उठा लेगा, वही सीता का वरण करेगा। अहल्या-उद्धार के बाद महर्षि विश्वामित्र श्रीराम और लक्ष्मण के साथ मिथिला में थे। जनक ने उन्हें भी स्वयंवर में आमंत्रित किया।

निश्चित दिन स्वयंवर आरंभ हुआ; परंतु उपस्थित सभी राजा धनुष को उठाने में असमर्थ रहे। तब विश्वामित्र की आज्ञा से श्रीराम ने देखते-ही-देखते धनुष को उठा लिया और प्रत्यंचा चढ़ाते समय वह तिनके की भाँति टूट गया।

चारों ओर श्रीराम की जय-जयकार होने लगी। जनक की आज्ञा पाकर सीता ने श्रीराम के गले में वरमाला डाल दी। इस प्रकार सीता का विवाह श्रीराम के साथ संपन्न हो गया।

राजा जनक की दूसरी पुत्री उर्मिला का विवाह लक्ष्मण के साथ हुआ, जबकि उनके भाई कुशध्वज की दो पुत्रियों मांडवी और श्रुतकीर्ति के विवाह क्रमशः भरत और शत्रुघ्न के साथ हुए।

□

राम और परशुराम

महर्षि जमदग्नि के पुत्र परशुराम को भगवान् विष्णु का अवतार कहा गया है। जन्म से ही वे परम तपस्वी, तेजस्वी और पराक्रमी थे। उनका जन्म ब्राह्मण परिवार में हुआ था, किंतु उनमें क्षत्रिय गुणों का आधिक्य था। हैहयवंशी राजकुमारों ने जब उनके पिता महर्षि जमदग्नि की हत्या कर दी थी, तब क्रोधित होकर उन्होंने इक्कीस बार पृथ्वी को क्षत्रियविहीन कर डाला था। उनके साहस और पराक्रम के समक्ष देवगण भी भयभीत रहते थे। भगवान् शिव परशुराम के आराध्य देव थे। एक बार वे शिवजी के दर्शन हेतु कैलास पर गए। वहाँ द्वार पर नियुक्त गणेशजी ने उनका मार्ग रोक लिया। इससे क्रोधित होकर उन्होंने अपने फरसे से भगवान् गणेश का एक दाँत तोड़ दिया था।

परशुराम ने कठोर तपस्या द्वारा भगवान् शिव को प्रसन्न किया। तब वर-स्वरूप शिवजी ने उन्हें अपना दिव्य धनुष प्रदान किया था, जिसे उन्होंने राजा जनक को सौंप दिया। जनक ने उसी दिव्य धनुष को स्वयंवर में रखा था।

श्रीराम से जब वह दिव्य धनुष टूट गया तो उसके भयंकर गर्जन से तीनों लोक काँप उठे। उस समय परशुराम हिमालय पर तपस्या में लीन थे। भयंकर गर्जन सुनकर वे समझ गए कि शिव-धनुष को किसी ने तोड़ दिया है। वे उसी समय तमतमाते हुए जनक की सभा में जा पहुँचे और श्रीराम को ललकारते हुए बोले, "राम! तुमने इस दिव्य धनुष को तोड़कर भगवान् शिव का अपमान किया है। तुम्हें इस धृष्टता के लिए दंडित करना आवश्यक है। मैं तुम्हें जनक और मिथिला सहित सबको जलाकर भस्म कर दूँगा!"

ललकार सुनकर लक्ष्मण से न रहा गया। प्रत्युत्तर में वे भी परशुराम को कटु वचन कहते हुए युद्ध के लिए तत्पर हो गए। तब श्रीराम प्रेमपूर्वक उन्हें समझाते हुए बोले, "लक्ष्मण! परशुराम हमारे लिए परम पूजनीय हैं। इनसे युद्ध की बात भी सोचना अशोभनीय है। इसलिए अनुज! धैर्य धारण करो। इन परम तेजस्वी मुनि का क्रोध भी हमारे लिए अमृत के समान है।" तत्पश्चात् वे परशुराम से बोले, "मुनिवर! इस अबोध बालक को क्षमा कर दें। आप तो दया के सागर हैं। इस संसार में भला आपसे बढ़कर श्रेष्ठ कौन हो सकता है! यदि आप मुझे दोषी समझते हैं तो जो दंड देना चाहें, दे दीजिए। मुझे आपका प्रत्येक दंड स्वीकार है।"

श्रीराम के मधुर वचन सुनकर परशुराम विस्मित रह गए। तदनंतर वे शांत स्वर में बोले, "राम! तुम अवश्य ही कोई अवतारी पुरुष हो। जिस

शिव-धनुष को मेरे, जनक और सीता के अतिरिक्त कोई हिला भी नहीं सकता था, तुमने एक तिनके की भाँति उसे तोड़ डाला। परंतु मेरा मन अभी भी तुम पर अविश्वास कर रहा है। अतएव हे राम! आप मेरे धनुष पर प्रत्यंचा चढ़ाकर मेरे अविश्वास को दूर कर दें।'' यह कहकर परशुराम ने अपना धनुष श्रीराम को सौंप दिया।

श्रीराम ने देखते-ही-देखते धनुष पर प्रत्यंचा चढ़ाकर परशुराम के मन के सभी संदेह दूर कर दिए। तत्पश्चात् राम, सीता और लक्ष्मण को आशीर्वाद देकर परशुराम पुनः हिमालय लौट गए। परशुराम को अमरता का वरदान प्राप्त है। कहा जाता है कि वे आज भी कैलास पर भगवान् शिव की आराधना में लीन हैं।

□

श्रीराम को वनवास

राजा दशरथ वृद्ध हो चले थे; राज्य का कार्यभार सँभालना कठिन होता जा रहा था। ऐसी स्थिति में एक दिन उन्होंने मंत्री सुमंत्र को बुलाया और अपने हृदय की बात बताते हुए बोले, ''सुमंत्र! अनेक दिनों से मेरे मन में एक बात उठ रही है। मैं चाहता हूँ कि राम का राज्याभिषेक करके उसके कंधों पर राज्य के कार्यभार का दायित्व डाल दूँ और मैं शेष जीवन ईश्वर-भक्ति में लगाकर अपना परलोक सुधार लूँ।''

महाराज दशरथ की बात सुनकर सुमंत्र प्रसन्न होकर बोले, ''महाराज! आपका विचार अत्यंत उत्तम है। प्रजा भी श्रीराम को भावी राजा के

रूप में देखती है। श्रीराम उनके लिए एक योग्य राजा सिद्ध होंगे। इस शुभ कार्य में तनिक भी विलंब मत कीजिए। अयोध्या के लिए इससे अधिक प्रसन्नता की बात और क्या होगी! संपूर्ण मंत्रिमंडल और स्वयं कुलगुरु वसिष्ठ भी आपके इस निर्णय से सहमत होंगे।''

सुमंत्र का समर्थन और प्रजा की इच्छा जानकर राजा दशरथ ने अगले ही दिन राम के राज्याभिषेक की घोषणा कर दी। राम के राजा बनने की बात सुनकर प्रजा में खुशी की लहर दौड़ गई। महल में उत्सव मनाए जाने लगे। कौशल्या, सुमित्रा और कैकेयी राम के राज्याभिषेक की तैयारियों में जुट गईं।

जहाँ संपूर्ण अयोध्या में उत्सव की तैयारियाँ चल रही थीं, वहीं यह समाचार सुनकर मंथरा नामक एक दासी सीधे कैकेयी के पास जाकर विलाप करने लगी। वह कैकेयी की मुँहलगी दासी थी। कैकेयी ने उससे विलाप का कारण पूछा।

मंथरा कटु स्वर में बोली, ''रानी! मेरी आँखें आनेवाले दुर्दिनों को देख रही हैं, मैं इसलिए आँसू बहा रही हूँ। वह दिन दूर नहीं जब तुम स्वयं एक दासी की भाँति महल के एक कोने में बैठकर आँसू बहाती नजर आओगी। राम के राजा बनते ही तुम्हारा संपूर्ण वैभव और प्रभुत्व कौशल्या द्वारा धूमिल हो जाएगा। अभी भी समय है, सँभल जाओ अन्यथा कुछ शेष नहीं बचेगा।''

''नहीं, नहीं। ऐसा कदापि नहीं होगा। मेरा राम मुझे बहुत प्रेम करता है। तुम व्यर्थ में ही राम पर दोषारोपण कर रही हो। उसने कौशल्या और मुझमें कभी कोई अंतर नहीं समझा। भरत को तो वह अपने से भी अधिक प्रेम करता है। तुम विष-वमन करके मुझे भ्रमित मत करो।'' कैकेयी ने कठोरता के साथ प्रतिरोध किया।

मंथरा पुनः विलाप करते हुए बोली, ''रानी! तुम्हारी तो मति मारी गई है। जिस कौशल्या को तुमने अनेक बार नीचा दिखाया है, क्या वह तुम्हें इसी प्रकार छोड़ देगी? नहीं, तुम देखना, राम के राजा बनते ही वह तुमसे गिन-गिनकर बदला लेगी। कौशल्या के कहने पर ही राजा दशरथ राम का राज्याभिषेक उस समय कर रहे हैं, जब भरत और शत्रुघ्न अपने ननिहाल गए हुए हैं।''

आखिरकार मंथरा के बार-बार कहने पर कैकेयी का मन विचलित हो गया। वह भयभीत होकर बोली, ''मंथरा, तुम ठीक कहती हो। परंतु अब क्या हो सकता है? कल राम का राज्याभिषेक हो जाएगा। मुझे इससे निपटने का कोई मार्ग नहीं सूझ रहा। अब तुम ही कोई उपाय बताओ?''

तब मंथरा ने कैकेयी को उन दो वचनों की याद दिलाई, जो देवासुर संग्राम में दशरथ ने कैकेयी को दिए थे। उस समय कैकेयी ने वे दो वचन भविष्य के लिए रख लिये थे। मंथरा द्वारा याद दिलवाए जाने के बाद कैकेयी ने राजा दशरथ से दोनों वचन माँग लिये। पहले वचन में उसने भरत के लिए अयोध्या का राजसिंहासन माँगा और दूसरे वचन में राम के लिए चौदह वर्ष का वनवास। वचन में बँधे राजा दशरथ को कैकेयी की दोनों इच्छाएँ पूरी करनी पड़ीं। पिता की इच्छा पूर्ण करने के लिए श्रीराम ने चौदह वर्ष का वनवास सहर्ष स्वीकार कर लिया। सीता और लक्ष्मण ने भी श्रीराम का अनुसरण किया।

□

भ्रातृभक्त भरत

श्रीराम के वनवास का प्रथम पड़ाव श्रृंगवेरपुर नामक राज्य था। यहाँ निषादराज गुह का शासन था। गुह श्रीराम का अनन्य भक्त था। उसने जब श्रीराम, सीता और लक्ष्मण के आगमन का समाचार सुना तो उसके हर्ष की सीमा न रही। उसने फल, फूल, कंद इत्यादि से उनकी आवभगत की। वह रात श्रीराम ने वहीं एक वृक्ष के नीचे बिताई। गुह ने उनके लिए पत्तों का बिछौना तैयार कर दिया था, जिस पर श्रीराम और सीता ने विश्राम किया। लक्ष्मण सारी रात जागकर पहरा देते रहे।

अगले दिन श्रीराम ने वटवृक्ष का दूध मँगाकर लक्ष्मण सहित उस दूध से सिर पर जटाएँ बनाईं। तत्पश्चात् नाव पर बैठकर गंगा नदी पार

की। किनारे पर उतरकर श्रीराम के संकेत पर सीता ने अपनी अँगूठी उतारकर केवट को उतराई के रूप में दी।

केवट ने अँगूठी लौटाते हुए कहा, ''भगवन्! मेरी केवल इतनी विनती है कि जिस प्रकार आज मैंने आपको गंगा नदी पार करवाई है, वैसे ही जब मैं आपके पास आऊँ तब आप मुझे भवसागर पार करवा देना।''

केवट की बात सुनकर श्रीराम अत्यंत प्रसन्न हुए और उन्होंने उसे निर्मल भक्ति का वरदान प्रदान किया।

वहाँ से चलकर वे सभी महर्षि भरद्वाज के आश्रम में पहुँचे। महर्षि भरद्वाज ने उनका यथोचित आदर-सत्कार किया। तत्पश्चात् श्रीराम की आज्ञा से लक्ष्मण ने वहीं निकट के एक वन में पर्णकुटी का निर्माण किया। अब तीनों उसी कुटी में रहने लगे।

इधर राम के वियोग में राजा दशरथ ने प्राण त्याग दिए। उनके दाह-संस्कार के लिए भरत और शत्रुघ्न को अयोध्या बुलाया गया, जो उन दिनों कैकय देश अपनी ननिहाल में रह रहे थे। अयोध्या पहुँचकर जब भरत को सारी घटना ज्ञात हुई तो उनका मन विषाद से भर गया। उन्होंने माँ कैकेयी को तिरस्कृत कर दिया। भरत ने मन-ही-मन निश्चय कर लिया था कि वे श्रीराम, सीता और लक्ष्मण को मनाकर पुनः अयोध्या ले आएँगे। इस संबंध में उन्होंने कुलगुरु वसिष्ठ को भी सूचित कर दिया। सभी ने उनके इस निर्णय का समर्थन किया।

और भरत श्रीराम को वापस लाने के लिए चल पड़े। उनके साथ अयोध्या की प्रजा भी अपने राजा श्रीराम को मनाने चल पड़ी। कैकेयी को अपने किए पर पश्चात्ताप होने लगा था। उसका मन श्रीराम से क्षमा माँगने को हो रहा था। उसने भी भरत का अनुसरण

किया। इस प्रकार भरत के साथ-साथ कौशल्या, सुमित्रा, कैकेयी, कुलगुरु वसिष्ठ, राजा जनक, अयोध्या के मंत्री सुमंत्र-सभी वन की ओर चल पड़े।

भरत के साथ अयोध्या की विशाल चतुरंगिणी सेना थी। उन्हें आते देख लक्ष्मण के मन में संदेह उत्पन्न हो गया। उन्होंने धनुष धारण कर लिया और श्रीराम से बोले, ''भ्राताश्री! अयोध्या का सिंहासन पाकर भरत के मन में विद्वेष ने घर कर लिया है। वह सेना लेकर अवश्य ही हमसे युद्ध के लिए आ रहा है। आप सीताजी के साथ यहाँ से दूर चले जाएँ। आज मैं अपने बाणों से अकेले ही उन सबका नाश कर दूँगा!''

राम मधुर स्वर में बोले, ''लक्ष्मण, भरत हमें अपने प्राणों से भी अधिक प्रेम करता है। वह हमारे अहित की सोच भी नहीं सकता।

उसका प्रयोजन कुछ और ही है। तुम थोड़ा धैर्य रखो।''

तभी भरत वहाँ आ पहुँचे और श्रीराम के पैरों में गिर पड़े। राम ने उन्हें उठाकर गले से लगा लिया। भाइयों का यह मिलन देखकर उपस्थित जनसमूह के नेत्र भर आए। लक्ष्मण का मन ग्लानि से भर उठा। वे आगे बढ़कर भरत के गले लग गए। तत्पश्चात् कैकेयी ने अपने अपराध की क्षमा माँगकर उनसे वापस लौट चलने की प्रार्थना की। परंतु श्रीराम सहमत न हुए। वे पिता को दिए वचन को भंग नहीं करना चाहते थे। सभी ने उन्हें अनेक प्रकार से समझाया, परंतु सब व्यर्थ गया।

अंत में भरत श्रीराम की चरण-पादुकाएँ लेकर अयोध्या लौट आए। उन्होंने वे पादुकाएँ सिंहासन पर सुशोभित कर दीं और स्वयं श्रीराम की भाँति वनवासी बनकर राज्य का संचालन करने लगे। इस प्रकार भरत ने भ्रातृ-प्रेम का असाधारण उदाहरण प्रस्तुत किया।

□

कौए को दंड

एक बार देवराज इंद्र पृथ्वी की ओर देखते हुए हाथ जोड़कर नमस्कार कर रहे थे। उस समय वहाँ उनका पुत्र जयंत भी उपस्थित था। वह विस्मित होकर बोला, "पिताश्री, आप किसे प्रणाम कर रहे हैं?"

इंद्र बोले, "पुत्र! संसार के कल्याण के लिए भगवान् विष्णु अयोध्या के राजा दशरथ के घर श्रीराम के रूप में अवतरित हुए हैं। मैं उन्हीं भगवान् राम को प्रणाम कर रहा हूँ। इन दिनों वे अपनी पत्नी सीता और भाई लक्ष्मण के साथ चित्रकूट पर्वत पर निवास कर रहे हैं। उनके आगमन से पृथ्वी पुण्यमयी हो गई है। जयंत, तुम भी उनके दर्शन करो। इससे तुम्हारा जीवन धन्य हो जाएगा।"

''जैसी आपकी आज्ञा, पिताश्री।'' यह कहकर जयंत चित्रकूट की ओर चल पड़ा।

उस समय श्रीराम कुटी के निकट बैठे अपना धनुष ठीक कर रहे थे। सीता पुष्पों की माला गूँथ रही थीं। लक्ष्मण कंद-मूल लेने वन में गए हुए थे।

श्रीराम की जटाएँ और गेरुए वस्त्र देखकर जयंत सोचने लगा—'ये वनवासी साधारण मनुष्य की भाँति प्रतीत हो रहे हैं। ये कदापि भगवान् विष्णु के अवतार नहीं हो सकते। पिताजी से अवश्य कोई भूल हुई है अथवा इन्होंने स्वयं को भगवान् के रूप में प्रचारित कर रखा है। ये अपनी रक्षा नहीं कर सकते, फिर भला सृष्टि का कल्याण कैसे करेंगे! मैं अभी परीक्षा लेकर इनके सत्य को संसार के समक्ष स्पष्ट कर दूँगा।'

श्रीराम की साधारण वेशभूषा ने जयंत को भ्रमित कर दिया। उसने बिना सोचे-समझे भगवान् की परीक्षा लेने की ठान ली। अपने इस मूर्खतापूर्ण कार्य को संपन्न करने के लिए उसने कौए का रूप धारण कर लिया। फिर सीता के पैर पर चोंच मारकर तेजी से उड़ गया।

प्रहार इतना तीव्र था कि वहाँ से रक्त की धारा बहने लगी। दर्द की अधिकता से सीता की आँखों से आँसू निकल आए।

सीता को इस प्रकार दर्द से कराहते देखकर श्रीराम के क्रोध का ठिकाना न रहा। उन्होंने उसी समय एक तिनके को उठाया और उसे कौए की ओर फेंक दिया। तिनका ब्रह्मास्त्र के समान शक्तिशाली होकर जयंत के प्राण लेने को उद्यत हो उठा। उसका अहंकार खंडित हो गया और वह अपने प्राण बचाता हुआ एक-एक कर ब्रह्माजी, श्रीविष्णु और शिवजी की शरण में पहुँचा। परंतु श्रीराम जिस पर

कुपित हो जाएँ, उसे भला कौन शरण दे सकता था!

अंत में जयंत अपने पिता इंद्र के पास गया और उन्हें सारी घटना कह सुनाई।

तब तक काल रूपी तिनका भी जयंत का पीछा करते हुए इंद्रलोक पहुँच चुका था। इंद्र ने उसे भगवान् राम की शरण में जाने का परामर्श देते हुए कहा, "जयंत! गर्ववश तुमने भयंकर अपराध किया है। अब तुम्हारे प्राणों की रक्षा केवल श्रीराम ही कर सकते हैं। इसलिए तुम उन्हीं की शरण में जाओ। भक्त-वत्सल भगवान् राम तुम्हें अवश्य क्षमा कर देंगे।"

कौआ रूपी जयंत उसी समय भगवान् श्रीराम की शरण में गया और अपने अपराध के लिए क्षमा माँगने लगा। श्रीराम का हृदय पिघल गया और वे मधुर स्वर में बोले, "जयंत! मैं तुम्हारा अपराध क्षमा करता हूँ। किंतु यह तिनका अभिमंत्रित है। कार्य पूर्ण किए बिना इसका लौटना असंभव है। इसलिए अपने प्राण बचाने के लिए तुम्हें अपने किसी एक अंग का बलिदान देना होगा।"

तब जयंत के कहने पर भगवान् श्रीराम द्वारा अभिमंत्रित तिनके ने उसकी एक आँख फोड़ दी। इस प्रकार जयंत के अपराध को क्षमा कर भगवान् राम ने उसके प्राण बचा लिये। कहते हैं कि तभी से कौआ जाति कानी हो गई।

□

विराध राक्षस

चित्रकूट में काफी समय व्यतीत करके भगवान् राम वहाँ रहनेवाले ऋषि-मुनियों से विदा लेकर आगे की ओर चल पड़े।

चलते-चलते वे महर्षि अत्रि के आश्रम में पहुँचे। अत्रि और उनकी पत्नी अनसूया अनेक वर्षों से श्रीराम के आगमन की प्रतीक्षा कर रहे थे। जब उन्होंने सुना कि श्रीराम पधारे हैं तो उन्होंने स्वयं आगे बढ़कर उनका स्वागत किया। राम और लक्ष्मण ने महर्षि अत्रि को पिता के समान आदर दिया। वह रात उन्होंने आश्रम में ही बिताई। इस दौरान अत्रि ने राम और लक्ष्मण को नीतिगत ज्ञान प्रदान किया। इसके अतिरिक्त उन्होंने राम को दिव्यास्त्र भी प्रदान किए। अनसूया ने सीता को पतिव्रत-धर्म का उपदेश दिया। साथ ही दिव्य

आभूषण और वस्त्र प्रदान किए। वे दिव्य वस्त्र सदैव स्वच्छ और निर्मल बने रहते थे।

अगले दिन महर्षि अत्रि और अनसूया से विदा लेकर श्रीराम सीता एवं अनुज लक्ष्मण सहित आगे की यात्रा पर चल पड़े।

अभी वे कुछ ही दूर चले थे कि मार्ग में उनका सामना एक भयंकर विशालकाय राक्षस से हो गया, जिसका नाम विराध था। उसने राम-लक्ष्मण पर पत्थरों की वर्षा आरंभ कर दी। परंतु उन्होंने अपने तीखे बाणों से सभी पत्थरों को छिन्न-भिन्न कर डाला। तत्पश्चात् उन्होंने विराध पर बाण चलाए। लेकिन बाणों का उस पर कोई असर नहीं हुआ। वह भयंकर अट्टहास करते हुए बोला, "मूर्खो! मुझे किसी भी अस्त्र-शस्त्र से नहीं मारा जा सकता। मुझ पर सभी अस्त्र-शस्त्र निष्प्रभावी हैं। अब तुम मरने के लिए तैयार हो जाओ। मैं तुम्हें खाकर अपनी भूख मिटाऊँगा। फिर इस सुंदर स्त्री को अपनी पत्नी बना लूँगा।"

मूर्ख विराध ने अहंकार में भरकर स्वयं ही अपनी मृत्यु का मार्ग बता दिया। राम और लक्ष्मण जान चुके थे कि उसे मारने के लिए शारीरिक बल का प्रयोग करना पड़ेगा। उन्होंने अपने अस्त्र-शस्त्र एक ओर रख दिए और उसे गिराकर उस पर घूँसों के प्रचंड प्रहार करने लगे। विराध ने स्वयं को बचाने का भरसक प्रयास किया, परंतु उसका अंत समय आ गया था। देखते-ही-देखते उसने प्राण त्याग दिए।

विराध के मरते ही उसके शरीर से एक दिव्य पुरुष प्रकट हुआ और अपना परिचय देते हुए बोला, "भगवन्! मैं कुबेर के दरबार का गंधर्व हूँ। एक बार किसी बात पर रुष्ट होकर कुबेर ने मुझे

राक्षस हो जाने का शाप दे दिया था। मेरे बहुत अनुनय-विनय करने पर उन्होंने आपके द्वारा मेरी मुक्ति बताई थी। तभी से मैं शाप-ग्रसित होकर राक्षस-योनि भोग रहा था। आज आपके स्पर्श से मैं शापमुक्त हो गया।''

इसके बाद श्रीराम को प्रणाम करके गंधर्व अपने लोक को चला गया।

□

शूर्पणखा और खर-दूषण

विराध राक्षस का उद्धार करने के बाद श्रीराम अनेक वनों और पर्वतों को पार करके महर्षि अगस्त्य के आश्रम में पहुँचे। महर्षि अगस्त्य के बारे में कहा जाता है कि वे पहले ऋषि थे, जिन्होंने दक्षिण (भारत) की ओर जाने का मार्ग खोला था। महर्षि की इच्छा जानकर श्रीराम उनके आश्रम में ही रहे। महर्षि ने उन्हें दिव्यास्त्र भी प्रदान किए। जब श्रीराम ने उनसे जाने की आज्ञा माँगी तो उन्होंने उन्हें निकट ही पंचवटी नामक स्थान पर निवास करने का परामर्श दिया। इस प्रकार महर्षि की आज्ञा से राम अनुज और सीता के साथ पंचवटी की ओर चल पड़े।

मार्ग में श्रीराम की भेंट गृद्धराज जटायु से हुई। यह वही जटायु था

जिसने एक बार राजा दशरथ के प्राणों की रक्षा की थी। श्रीराम को जब राजा दशरथ और जटायु की मित्रता के विषय में ज्ञात हुआ तो उनका हृदय आदर और श्रद्धा से भर गया। उन्होंने जटायु को पिता-तुल्य सम्मान दिया। इसके बाद वे पंचवटी में कुटिया बनाकर रहने लगे।

एक दिन शूर्पणखा नामक एक विकराल और भयंकर राक्षसी पंचवटी की ओर आ निकली। शूर्पणखा महर्षि विश्रवा की पुत्री और राक्षसराज रावण की बहन थी। उसने जब श्रीराम को देखा तो उनकी सुंदरता पर मोहित होकर उनसे विवाह करने को उद्यत हो उठी। उसने एक सुंदरी का वेश धारण किया और श्रीराम के समक्ष जाकर बोली, "हे सुंदर युवक! मैं राक्षसराज रावण की बहन शूर्पणखा हूँ। मैं अनेक वर्षों से योग्य वर की तलाश में भटक रही थी। तुमसे मिलकर आज मेरी खोज पूर्ण हो गई। युवक! मैं तुमसे विवाह करना चाहती हूँ। तुम इसी समय मेरे साथ लंका चलो। वहाँ हम ऐश्वर्य भोगते हुए सुखपूर्वक जीवन व्यतीत करेंगे।"

श्रीराम ने सीता की ओर संकेत किया और हँसते हुए बोले, "सुंदरी! मेरा तो विवाह हो चुका है और मैंने एकपत्नी-व्रत धारण कर रखा है। इसलिए मैं तुम्हारी यह इच्छा पूर्ण नहीं कर सकता। तुम चाहो तो मेरे छोटे भाई से पूछ सकती हो। वह भी मेरे समान ही सुंदर और शक्तिशाली है।"

शूर्पणखा ने लक्ष्मण को देखा तो उसका मन उनकी ओर आकृष्ट हो गया। उसने लक्ष्मण से अपने मन की बात बताते हुए विवाह की इच्छा प्रकट की।

लक्ष्मण परिहास करते हुए बोले, "सुंदरी! मैं तो केवल दास हूँ। तुम राजकुमारी होकर एक दास से विवाह कैसे कर सकती हो? इसलिए तुम श्रीराम से ही विवाह का निवेदन करो। वे तुम्हारी इच्छा

अवश्य पूर्ण करेंगे।''

इस प्रकार श्रीराम और लक्ष्मण ने शूर्पणखा का विवाह-निवेदन अस्वीकार कर दिया। तब अपमान से क्रोधित शूर्पणखा अपने वास्तविक रूप में आ गई और गरजते हुए बोली, ''राम, तुमने इस स्त्री के लिए मेरा अपमान किया है। मैं अभी इसे खा जाऊँगी।'' वह मुँह फाड़कर सीता की ओर लपकी।

यह देखकर श्रीराम ने लक्ष्मण को प्रतिकार के लिए संकेत किया। संकेत पाते ही लक्ष्मण ने तलवार से शूर्पणखा के नाक-कान काट लिये। पीड़ा से कराहती शूर्पणखा अपने भाई खर-दूषण के पास गई।

शूर्पणखा की दुर्दशा देखकर खर-दूषण का रोम-रोम जल उठा। उन्होंने उसी समय विशाल राक्षस सेना लेकर पंचवटी पर आक्रमण कर दिया। परंतु श्रीराम ने अकेले ही संपूर्ण राक्षस-सेना को ध्वस्त कर खर-दूषण का वध कर दिया।

इस प्रकार संपूर्ण दक्षिण क्षेत्र राक्षसों से रिक्त हो गया। □

मायावी मारीच

सेना सहित खर-दूषण का संहार देखकर शूर्पणखा समझ गई कि ये वनवासी कोई साधारण मनुष्य नहीं हैं। इनकी सूचना लंकेश्वर रावण को देनी चाहिए। अतएव वह उसी समय लंका जा पहुँची। उस समय रावण दरबार में मंत्रियों के साथ किसी विषय पर मंत्रणा कर रहा था।

सहसा शूर्पणखा चीत्कार करते हुए प्रविष्ट हुई—"दुहाई लंकापति रावण, दुहाई! तुम यहाँ लंका में आराम से बैठे हो और वहाँ दो वनवासियों ने खर-दूषण सहित उनकी संपूर्ण राक्षस-सेना को नष्ट कर डाला है। बल के मद में चूर उन वनवासियों ने मेरे भी नाक-कान काट लिये हैं। जिस रावण से देवता भी भयभीत रहते हैं, उसकी बहन की यह दुर्दशा! इससे बड़ा अपमान तुम्हारा और क्या होगा?"

शूर्पणखा की दुर्दशा और खर-दूषण के वध का समाचार सुनकर रावण क्रोध से भर उठा–"वे वनवासी कौन हैं, जिन्हें अपने प्राणों का मोह नहीं रहा? शीघ्र बता बहन, मैं अभी उन्हें काल का ग्रास बना दूँगा।"

शूर्पणखा रोते हुए बोली, "भैया! वे अयोध्या-नरेश दशरथ के पुत्र राम और लक्ष्मण हैं। उनके साथ एक सुंदर स्त्री सीता भी है। उसे मैं तुम्हारे लिए लाना चाहती थी, परंतु उन्होंने मेरे नाक-कान काटकर मेरी यह दुर्दशा कर दी। भैया! अब तुम ही अपनी बहन के अपमान का प्रतिशोध लो।"

रावण कुछ देर सोचता रहा। फिर पुष्पक विमान में बैठकर मारीच के पास पहुँचा। यह वही ताड़का-पुत्र मारीच था, जिसे राम ने बाण मारकर समुद्र-तट पर फेंक दिया था। तभी से वह राम-नाम का स्मरण करते हुए जीवन बिता रहा था।

रावण बोला, "मारीच! राम ने शूर्पणखा के नाक-कान काटकर तथा खर-दूषण का वध कर मुझे चुनौती दी है। मैं उनकी चुनौती स्वीकार करता हूँ। यद्यपि मैं चाहूँ तो उन्हें पल भर में समाप्त कर सकता हूँ, परंतु मैं उन्हें इतनी आसान मृत्यु नहीं देना चाहता। इसके लिए मैंने एक योजना बनाई है, जिसके अंतर्गत मैं सीता का हरण कर लूँगा और स्त्री के वियोग में राम तड़प-तड़पकर मर जाएगा। भाई के वियोग में लक्ष्मण भी प्राण त्याग देगा। तुम्हें इस योजना में मेरा साथ देना होगा।"

राम का नाम सुनकर मारीच भयभीत होकर बोला, "राक्षसराज! आप श्रीराम की शक्ति को नहीं जानते। वे अति पराक्रमी और शक्तिशाली हैं। आप उनका अहित करने के विषय में सोचें भी नहीं,

अन्यथा वे संपूर्ण राक्षस जाति को अपने क्रोध से जलाकर भस्म कर देंगे। जिनके एक बाण ने ही मुझ जैसे बलवान् राक्षस को कोसों दूर ला फेंका, जिन्होंने अकेले ही महाशक्तिशाली खर-दूषण सहित विशाल राक्षस सेना को नष्ट कर दिया, वे साधारण मनुष्य नहीं हो सकते। इसलिए आप इस कुविचार का त्याग कर लंका लौट जाएँ।''

रावण कुपित होकर बोला, ''मारीच! लगता है, तुम्हें अपने प्राणों का मोह नहीं रहा। मैं यहाँ तुम्हारा उपदेश सुनने नहीं आया। मैं अपने निर्णय को अवश्य पूर्ण करूँगा। यदि तुम सहायता के लिए सहमत नहीं हुए तो मैं अभी तुम्हारा सिर धड़ से अलग कर दूँगा!''

मारीच के लिए धर्म-संकट की स्थिति उत्पन्न हो गई। उसने सोचा, 'यदि मैंने रावण की बात मानने से इनकार कर दिया तो यह अभी मुझे काल का ग्रास बना देगा। और यदि मैंने इसकी बात मान ली तो श्रीराम अपने बाणों से मुझे भेद डालेंगे। परंतु उनके हाथों से मरकर निस्संदेह मैं मोक्ष प्राप्त करूँगा।' अंततः मारीच ने रावण की बात मान ली।

□

सीता-हरण

रावण की योजना एवं आदेश के अनुसार मारीच स्वर्ण-मृग बनकर श्रीराम की कुटिया के निकट ही घास चरने लगा। सीता ने जब उस स्वर्ण-मृग को देखा तो उनके मन में उसे पाने की इच्छा उत्पन्न हो गई। उन्होंने श्रीराम को अपनी इच्छा बताई। श्रीराम ने धनुष पर बाण चढ़ाया और लक्ष्मण को सीता की रक्षा हेतु छोड़कर स्वर्ण-मृग के पीछे चल दिए।

कुछ ही देर में मृग बना मारीच कुलाँचें भरते हुए श्रीराम को कुटिया से बहुत दूर ले गया। अंततः श्रीराम ने बाण चला दिया। बाण लगते ही मायावी मारीच अपने वास्तविक रूप में आ गया और उसने श्रीराम के स्वर में 'हाय सीता, हाय लक्ष्मण' का विलाप करते हुए

प्राण त्याग दिए।

इधर मारीच का विलाप सुनकर सीता भयभीत हो गईं। उन्होंने लक्ष्मण को आदेश देते हुए कहा, ''लक्ष्मण, यह वन राक्षसों से भरा है। अवश्य तुम्हारे भैया श्रीराम किसी संकट में फँस गए हैं। वे तुम्हें पुकार रहे हैं। तुम इसी क्षण वहाँ जाकर उनकी सहायता करो।''

लक्ष्मण ने कुटिया के चारों ओर एक रेखा (लक्ष्मण रेखा) खींची और सीता को उस रेखा के अंदर रहने के लिए कहकर श्रीराम की सहायतार्थ चले गए। कुटिया के निकट छिपा रावण इसी क्षण की प्रतीक्षा में था। लक्ष्मण के जाते ही वह साधु का वेश धारण कर कुटिया के निकट आ गया। कुटिया के द्वार पर आकर उसने पुकारा–''भिक्षां देहि, भिक्षां देहि!''

सीता कुछ फल लेकर आईं और दूर से ही साधु को भिक्षा देने लगीं। लक्ष्मण द्वारा खींची गई अभिमंत्रित रेखा को पार करना रावण के लिए संभव नहीं था। इसलिए सीता को रेखा के इस ओर लाने के लिए वह कृत्रिम क्रोध जताते हुए बोला, ''क्या साधु को इस प्रकार उपेक्षित भाव से भिक्षा दी जाती है? यदि तुम प्रसन्न होकर भिक्षा नहीं देना चाहती तो मैं बिना भिक्षा लिये ही चला जाऊँगा।'' यह कहकर वह जाने को उद्यत हुआ।

''ठहरिए मुनिवर! श्रीराम के द्वार से कोई खाली हाथ नहीं जाता। मैं आपको वहीं आकर भिक्षा देती हूँ।''

यह कहकर जैसे ही सीता ने लक्ष्मण-रेखा को पार किया, रावण अपने वास्तविक रूप में आ गया। देखते-ही-देखते उसने सीता को उठाया और पुष्पक विमान पर बिठाकर लंका की ओर चल दिया। सीता करुण विलाप करती हुई राम-लक्ष्मण को पुकारने लगीं–''हा

राम! हा लक्ष्मण!"

सीता की पुकार पंचवटी में रहनेवाले जटायु ने भी सुनी। पल भर में वह सारी बात समझ गया और सीता को बचाने के लिए उसने पंजों से रावण पर आक्रमण कर दिया। दोनों में बड़ी देर तक युद्ध होता रहा। अंत में रावण ने तलवार के वार से जटायु के दोनों पंख काट दिए। घायल जटायु धरती पर आ गिरा और अंतिम साँसें लेते हुए रावण को सीता सहित लंका की ओर जाते देखता रहा।

□

कबंध राक्षस का उद्धार

मृग को राक्षस का रूप धारण करते देख श्रीराम समझ गए कि अवश्य कोई अप्रिय घटना घटनेवाली है। वे शीघ्रता से कुटिया की ओर चल पड़े। मार्ग में लक्ष्मण आते दिखाई दिए। किसी अनिष्ट की आशंका से उनका मन काँपने लगा। अब तक लक्ष्मण उनके पास पहुँच चुके थे। उन्हें सारी घटना बताते हुए श्रीराम बोले, ''लक्ष्मण, मैं जिस मृग का पीछा कर रहा था, वास्तव में वह एक मायावी राक्षस था। उसी ने मेरे स्वर में सीता और तुम्हें पुकारा था। यह किसी का षड्यंत्र लगता है। शीघ्र कुटिया की ओर चलो। जानकी अकेली हैं। कोई अनिष्ट न हो जाए।''

किंतु अनिष्ट हो चुका था। उन्होंने कुटिया का कोना-कोना छान

मारा, लेकिन जानकी नहीं मिलीं। श्रीराम व्याकुल हो उठे और उन्हें ढूँढ़ते हुए वन-वन विचरने लगे। भटकते-भटकते राम-लक्ष्मण उस स्थान पर जा पहुँचे, जहाँ जटायु मरणासन्न अवस्था में पड़ा था। श्रीराम ने जटायु का सिर अपनी गोद में रखा और दुःखी स्वर में बोले, "हे गृद्धराज! आपकी यह दशा किस पापी ने की है?"

जटायु पीड़ा से कराहते हुए बोला, "श्रीराम! लंका के राजा रावण ने मेरी यह दुर्दशा की है। उसी ने जानकी का हरण किया है। जब मैंने उसे रोकने का प्रयास किया तो उसने तलवार से मेरे दोनों पंख काट दिए। राम! मुझे क्षमा कर देना। मैं सीता को रावण के चंगुल से छुड़ा नहीं पाया।" इतना कहकर जटायु ने अपने प्राण त्याग दिए।

राम के नेत्रों में आँसू भर आए। वे जटायु को पिता समान मानते थे। उन्होंने लक्ष्मण से एक चिता तैयार करवाई और जटायु का विधिवत् दाह-संस्कार किया। तदनंतर वे दक्षिण दिशा की ओर चल पड़े।

पंचवटी से निकलकर श्रीराम और लक्ष्मण क्रौंच वन में पहुँचे। उस वन में कबंध नामक एक शक्तिशाली और विशालकाय राक्षस रहता था। उसकी केवल एक आँख थी तथा सिर धड़ में घुसा हुआ था। उसने अपने विशाल हाथों से राम-लक्ष्मण को ऊपर उठा लिया और जब उन्हें खाने को उद्यत हुआ तो उन्होंने तलवार से उसकी दोनों भुजाएँ काट दीं और फिर उसे मार डाला।

कबंध के मरते ही उसके शरीर से एक सुंदर गंधर्व प्रकट हुआ। उसे देखकर राम-लक्ष्मण विस्मित रह गए। राम ने उसका परिचय पूछा। गंधर्व अपनी आपबीती सुनाते हुए बोला, "भगवन्! मैं यक्षलोक में निवास करनेवाला एक गंधर्व हूँ। एक बार सुंदरता के अहंकार में

मैंने दुर्वासा मुनि का अपमान कर दिया था। तब दुर्वासा मुनि ने क्रुद्ध होकर मुझे राक्षस बन जाने का शाप दे दिया था। तभी से मैं दैत्य-योनि में पड़ा कष्ट भोग रहा था। एक दिन दुर्वासा मुनि पुनः यहाँ से निकले। उस समय मेरी दयनीय दशा देखकर उन्होंने मुझे वर दिया कि सीताजी की खोज करते हुए जब श्रीराम यहाँ आएँगे, तब मैं उन्हीं के द्वारा शाप से मुक्त हो जाऊँगा। आपने मेरा उद्धार कर मेरे समस्त पापों का नाश कर डाला। प्रभु! यहाँ से कुछ दूरी पर मतंग ऋषि का आश्रम है। वहाँ शबरी नामक संन्यासिनी रहती है। आप उसके पास जाएँ, वह आपका उचित मार्गदर्शन करेगी।''

इस प्रकार श्रीराम द्वारा शाप-मुक्त होकर कबंध यक्षलोक को चला गया।

□

श्रीराम-हनुमान मिलन

श्रीराम और लक्ष्मण मतंग ऋषि के आश्रम में पहुँचे। मतंग ऋषि कुछ समय पूर्व ही महासमाधि ले चुके थे। उनके बाद आश्रम की देखभाल शबरी नामक एक संन्यासिनी करती थी। शबरी का वास्तविक नाम 'श्रवणा' था और वह भील जाति की थी। चूँकि बाल्यकाल से ही उसका मन धर्म-कर्म में अधिक रमता था, इसलिए युवा होने पर वह घर-परिवार त्यागकर मतंग ऋषि के आश्रम में आकर रहने लगी। यहीं कठोर तप और सेवा द्वारा उसने योग से संबंधित दिव्य ज्ञान प्राप्त किया था।

शबरी को जब श्रीराम के आगमन का समाचार मिला तो प्रसन्नता

की अधिकता से उसके नेत्र छलक आए। भगवान् के साक्षात् दर्शन की उसकी अभिलाषा पूर्ण हो गई। उसने श्रीराम की चरणधूलि माथे से लगाई और उन्हें प्रेमपूर्वक चख-चखकर मीठे बेर खिलाने लगी।

शबरी के इस निश्छल प्रेम को देखकर श्रीराम अत्यंत प्रसन्न हुए। उन्होंने उसे 'माता' कहकर संबोधित किया। करुणानिधान के मुख से अपने लिए 'माता' शब्द सुनकर शबरी को लगा मानो उसके जन्म-जन्म के पाप नष्ट हो गए हैं। वह भाव-विभोर होकर बोली, "भगवन्! मतंग ऋषि ने महासमाधि से पूर्व कहा था कि एक दिन श्रीराम अपने अनुज लक्ष्मण के साथ इस आश्रम में आएँगे। तभी से मैं आपके आगमन की प्रतीक्षा कर रही थी। उनका वचन आज सत्य हो गया। प्रभु! अब जीवन के प्रति मुझे कोई मोह नहीं रहा। परंतु कबंध ने आपको जिस उद्देश्य से यहाँ भेजा है, वह मैं अवश्य पूर्ण करूँगी। भगवन्! यहाँ से कुछ दूरी पर ऋष्यमूक नाम का पर्वत है। उस पर वानरराज सुग्रीव वास करता है। आप उससे जाकर मिलें। सीताजी को ढूँढ़ने में वह आपकी हरसंभव सहायता करेगा।"

तदनंतर शबरी ने योग-अग्नि द्वारा स्वयं को जलाकर भस्म कर लिया। शबरी के परामर्श के अनुसार राम-लक्ष्मण ऋष्यमूक पर्वत की ओर चल पड़े।

सुग्रीव अपने बड़े भाई बालि के डर से छिपकर ऋष्यमूक पर्वत पर रहता था। उसके साथ पवनपुत्र हनुमान, जांबवंत आदि भी थे। उसने दो सुंदर धनुर्धारियों को पर्वत की ओर आते देखा तो सोचने लगा कि अवश्य बालि ने उसके वध के लिए उन वीरों को यहाँ भेजा है। वह भयभीत हो गया और उसी समय हनुमान को वास्तविकता का पता लगाने के लिए भेजा।

हनुमान छलाँगें लगाते हुए कुछ ही पलों में राम-लक्ष्मण के सम्मुख जा पहुँचे। उस समय उन्होंने ब्राह्मण का वेश बना लिया था। वे मधुर स्वर में बोले, ''हे सुकुमारो! यद्यपि आपने गेरुए वस्त्र धारण कर रखे हैं, परंतु हाथों में सुशोभित धनुष आपके क्षत्रिय होने का प्रमाण दे रहे हैं। आप वास्तव में कौन हैं और किस उद्‌देश्य से वन में भ्रमण कर रहे हैं?''

तब लक्ष्मण ने श्रीराम का परिचय देते हुए सीता-हरण की घटना कह सुनाई।

अपने इष्टदेव को सामने देखकर हनुमान प्रसन्नता से भर उठे। उन्होंने तुरंत ब्राह्मण वेश त्याग दिया और अपने वास्तविक रूप में आकर श्रीराम के चरणों में गिर पड़े। राम भी अपने प्रिय भक्त हनुमान को पहचान गए। उन्होंने स्नेहपूर्वक हनुमान को हृदय से लगा लिया। तत्पश्चात् हनुमान ने राम-लक्ष्मण को अपने कंधों पर बिठाया और छलाँगें भरते हुए सुग्रीव के पास लौट आए।

□

बालि-वध

हनुमान को श्रीराम-लक्ष्मण के साथ आते देख सुग्रीव ने चैन की साँस ली। वह समझ गया कि इन योद्धाओं का बालि के साथ कोई संबंध नहीं है। उसने आगे बढ़कर अपरिचितों का स्वागत किया। हनुमान ने सुग्रीव को श्रीराम का परिचय देते हुए वनवास और सीता-हरण की घटना बताई। साथ ही उन्होंने बताया कि वे सीता की खोज में उनकी सहायता चाहते हैं। सुग्रीव ने श्रीराम को हरसंभव सहायता का आश्वासन दिया। इसके बाद पवित्र अग्नि को साक्षी मानकर सुग्रीव और श्रीराम मित्रता के बंधन में बँध गए।

सुग्रीव अपनी पत्नी और राज्य को छोड़कर ऋष्यमूक पर्वत पर निवास क्यों कर रहा है, श्रीराम इस विषय में जानना चाहते थे। उन्होंने

अपनी यह जिज्ञासा सुग्रीव को बताई तो वह उन्हें अपनी कथा सुनाने लगा।

किष्किंधा का राजा बालि अत्यंत बलशाली और पराक्रमी योद्धा है। उसे ब्रह्माजी से वर प्राप्त था कि जो भी उसके समक्ष आएगा, उसका आधा बल उसमें समा जाएगा। वह इतना पराक्रमी था कि उसने राक्षसराज रावण को एक मास तक अपनी बगल (काँख) में दबाए रखा था। मैं बालि का छोटा भाई हूँ। दोनों भाइयों में अटूट प्रेम था और हम सुखपूर्वक जीवन व्यतीत कर रहे थे।

एक बार मय दानव का पुत्र मायावी बल के अहंकार में भरकर बालि को युद्ध के लिए ललकारने लगा। बालि शत्रु की ललकार का प्रत्युत्तर देने चल पड़ा। दोनों में भयंकर मल्ल युद्ध हुआ। जब बालि का पक्ष मजबूत होने लगा तो मायावी प्राण बचाकर वहाँ से भाग निकला। बालि ने मायावी को समाप्त करने का निश्चय कर लिया था, अतएव मुझे लेकर वह उसका पीछा करने लगा। प्राण बचाते हुए मायावी एक गुफा में जा छिपा। बालि ने मुझे गुफा के द्वार पर प्रतीक्षा करने को कहा और स्वयं मायावी को मारने के लिए गुफा में प्रविष्ट हो गया।

अनेक दिन बीत गए; मैं गुफा के द्वार पर बैठा बालि के लौटने की प्रतीक्षा करता रहा। एक दिन गुफा में से रक्त की मोटी धारा निकलने लगी। रक्त देखकर मैं भयभीत हो गया। 'अवश्य दानव मायावी ने भाई बालि को मार दिया है', यह सोचकर मैं काँपने लगा। मैंने एक चट्टान से गुफा का द्वार बंद कर दिया और किष्किंधा लौट आया। बालि को मरा जानकर वानरों ने मेरा अभिषेक कर अपना राजा घोषित कर दिया।

इधर, मायावी का वध करके बालि जब किष्किंधा पहुँचा तो मुझे सिंहासन पर बैठे देख उसके क्रोध की सीमा न रही। उसने मार-मारकर मुझे अधमरा कर दिया और मेरी पत्नी को भी छीन लिया। एक बार एक ऋषि ने बालि को शाप दिया था कि ऋष्यमूक पर्वत पर आते ही वह जलकर भस्म हो जाएगा। इसलिए बालि से बचता हुआ मैं अपने सहयोगियों के साथ ऋष्यमूक पर्वत पर आकर रहने लगा।

सुग्रीव की व्यथा सुनकर श्रीराम को बड़ा दुःख हुआ। उन्होंने प्रतिज्ञा की कि वे बालि को मारकर सुग्रीव को उसका राज्य और पत्नी पुनः दिलवाएँगे। श्रीराम की योजनानुसार सुग्रीव किष्किंधा के द्वार पर खड़ा होकर बालि को युद्ध के लिए ललकारने लगा। सुग्रीव की ललकार पर बालि दौड़ा हुआ आया। दोनों भाइयों में मल्ल युद्ध छिड़ गया। उस समय श्रीराम धनुष पर बाण चढ़ाए एक वृक्ष के पीछे छिपकर खड़े थे। किंतु दोनों का चेहरा इतना मिलता था कि वे बालि को पहचान न सके। बालि के प्रहारों से आहत सुग्रीव किसी तरह प्राण बचाकर भागा।

दूसरे दिन राम ने सुग्रीव के गले में फूलों की माला डालकर पुनः युद्ध के लिए भेजा। इस बार पहचानने में कोई कठिनाई नहीं हुई। श्रीराम ने एक ही बाण से बालि का वध कर डाला। तत्पश्चात् श्रीराम की आज्ञा से लक्ष्मण ने किष्किंधा में जाकर सुग्रीव का राज्याभिषेक किया तथा बालि के पुत्र अंगद को युवराज घोषित कर दिया।

इस प्रकार श्रीराम ने सुग्रीव के दुःखों का अंत कर दिया। □

गरुड़-पुत्र संपाति

राज्य पाकर सुग्रीव भोग-विलास में डूब गया। जब कई महीने बीत गए तब लक्ष्मण को सुग्रीव के पास भेजा गया। वे क्रोध से भरे हुए सुग्रीव के पास पहुँचे और मेघ के समान गर्जन करते हुए बोले, "सुग्रीव! सुरा-सुंदरी में डूबकर तुम अपना वचन भूल गए हो। मुझे श्रीराम ने वह वचन याद दिलाने के लिए यहाँ भेजा है, जो तुमने किष्किंधा के सिंहासन पर बैठते समय दिया था। परंतु लगता है, तुम्हें भी तुम्हारे भाई बालि के पास भेजना पड़ेगा।" यह कहकर लक्ष्मण धनुष पर बाण चढ़ाने को उद्यत हो गए।

लक्ष्मण का रौद्र रूप देखकर सुग्रीव भयभीत हो गया। वह उसी समय हनुमान, जांबवंत इत्यादि मंत्रियों को साथ लेकर भगवान् श्रीराम

की शरण में पहुँचा और उनसे क्षमा माँगने लगा। भक्त-वत्सल भगवान् श्रीराम ने उसे गले से लगा लिया। तदनंतर सुग्रीव ने सभी प्रमुख वानरों को एकत्रित कर चार दलों में बाँट दिया और प्रत्येक दल को सीता की खोज के लिए अलग-अलग दिशा में भेज दिया। दक्षिण दिशा की ओर जानेवाले दल में हनुमान, जांबवंत, नल, नील, अंगद आदि वानर-वीर शामिल थे।

सीता को ढूँढ़ते-ढूँढ़ते हनुमान आदि वानर-वीर दक्षिण समुद्र के तट पर जा पहुँचे। सुग्रीव ने सीताजी की खोज के लिए जितने दिन निर्धारित किए थे, वे समाप्त हो चुके थे। सभी वानर भूखे-प्यासे तट पर बैठकर लहराते समुद्र को देखने लगे।

निकट ही एक गुफा थी, जिसमें संपाति नामक एक वृद्ध गिद्ध रहता था। संपाति, जटायु का बड़ा भाई और भगवान् विष्णु के वाहन गरुड़ का ज्येष्ठ पुत्र था।

एक बार संपाति और जटायु में सूर्य को पकड़ने की होड़ लग गई। वे दोनों एक साथ सूर्यदेव को पकड़ने के लिए उड़ चले। परंतु जब वे निकट पहुँचे तो सूर्य के तेज से उनके पंख जलने लगे। जटायु मार्ग से ही लौट आया, लेकिन संपाति अधिक आगे जा चुका था। इसके फलस्वरूप उसके सारे पंख जल गए। तब से वह पंखविहीन होकर इस गुफा में अपने दिन व्यतीत कर रहा था। वानरों के दल को देखकर उसकी प्रसन्नता का ठिकाना न रहा। उसने सोचा–ईश्वर ने उसके लिए कई दिनों का भोजन एक साथ भेज दिया है।

वह वानरों का वार्त्तालाप सुनने लगा।

एक वानर कह रहा था, "हमसे अधिक श्रेष्ठ तो गिद्धराज जटायु थे, जिन्होंने श्रीराम के कार्य हेतु अपने प्राण न्योछावर कर दिए। हम

भाग्यहीन सीताजी का पता भी न लगा सके। काश, हमें भी जटायु के समान श्रीराम के लिए प्राण देने का अवसर मिलता!"

जटायु का नाम सुनकर संपाति विस्मित रह गया। उसने वानरों को निकट बुलाया और अपना परिचय देकर जटायु के बारे में पूछा।

हनुमान बोले, "हे गिद्धराज! आपके भाई जटायु परम वीर और पराक्रमी थे। उन्होंने सीता माता को रावण के चंगुल से छुड़ाने के लिए अपने प्राणों की आहुति दे दी। श्रीरामभक्तों में वे सदैव पूजनीय रहेंगे। मृत्यु से पूर्व उन्होंने बताया था कि दुष्ट रावण सीताजी को लेकर दक्षिण दिशा की ओर गया है। परंतु हमने संपूर्ण दक्षिण क्षेत्र छान मारा, किंतु सीताजी का कहीं पता नहीं चला। हे पक्षिराज! यदि आप इस विषय में कुछ जानते हैं तो कृपया हमारा मार्गदर्शन करें।"

प्रिय अनुज जटायु की मृत्यु का समाचार सुनकर संपाति की आँखों में आँसू भर आए; फिर वह स्वयं को सँभालते हुए बोला, "हे वानरो! राक्षसराज रावण समुद्र के बीच में स्थित लंका नामक नगरी में रहता है। कुछ दिन पूर्व मैंने उसे एक सुंदर स्त्री का हरण कर लंका की ओर जाते हुए देखा था। अवश्य वह सीता ही थीं। यदि तुम में कोई समुद्र पार कर सकता हो तो उसे सीताजी का पता अवश्य मिल जाएगा।"

संपाति की बात सुनकर वानरों में हर्ष की लहर दौड़ गई। आखिरकार उन्हें सीताजी का पता मिल गया था। उन्होंने संपाति को धन्यवाद दिया और समुद्र पार करने की योजना बनाने लगे।

□

लंका-दहन

सामने अथाह समुद्र लहरा रहा था। चिंतित वानरों को उसे पार करने का कोई भी उपाय नहीं सूझ रहा था। हनुमान भी निराश हो एक ओर बैठे थे। ऐसी विकट स्थिति में रीछराज जांबवंत ने उन्हें संबोधित किया, "अंजनीपुत्र! तुम्हारा इस प्रकार निराश बैठना हमारे लिए चिंता का विषय है। हम सबमें केवल तुम ही परम वीर और शक्तिशाली हो। इस समुद्र को पार करने का सामर्थ्य केवल तुम में है। तुम ही लंका जाकर सीताजी का समाचार ला सकते हो। हे पवनपुत्र! अपनी शक्तियों को याद करो। पवनपुत्र होने के कारण तुम्हें आकाश-मार्ग से कहीं भी आने-जाने का वरदान प्राप्त है। इसलिए हे

हनुमान! श्रीराम के कार्य को संपन्न कर उन्हें संतुष्ट करो।''

एक ऋषि के शाप के कारण हनुमान अपनी शक्तियों को भूल गए थे; लेकिन जब जांबवंत ने स्मरण करवाया तो उनकी शक्तियाँ जाग्रत् हो उठीं। वे नई उमंग से भर उठे और तत्क्षण आकाश-मार्ग से लंका की ओर उड़ चले।

मार्ग में नागमाता सुरसा ने उनकी परीक्षा ली। हनुमान ने अपनी बुद्धिमत्ता से उन्हें संतुष्ट कर आशीर्वाद प्राप्त किया और आगे चल पड़े। कुछ दूर चलने पर एक राक्षसी ने उनकी परछाईं पकड़ ली और उनका मार्ग अवरुद्ध कर दिया। तब हनुमान ने अपनी गदा के प्रहार से उसका अंत कर दिया।

लंका पहुँचकर हनुमान ने अपना शरीर अत्यंत सूक्ष्म कर लिया और सीताजी को ढूँढ़ते हुए रावण की अशोक वाटिका में जा पहुँचे। वहाँ उन्होंने एक वृक्ष के नीचे एक सुंदर, तेजयुक्त, परंतु दुःख से संतप्त नारी को बैठे देखा। हनुमान समझ गए कि वे ही सीताजी हैं। उपयुक्त अवसर की प्रतीक्षा करते हुए वे उसी वृक्ष पर छिपकर बैठ गए।

जब अशोक वाटिका में पहरे पर लगी राक्षसियाँ वहाँ से चली गईं, तब हनुमान मधुर कंठ से रामकथा सुनाने लगे। सीताजी दुःख भूलकर कथा-वाचक को ढूँढ़ने लगीं। हनुमान वृक्ष से उतर आए और सीताजी को श्रीराम की मुद्रिका सौंपते हुए बोले, ''माते! आप निश्चिंत रहें, श्रीराम शीघ्र ही रावण का वध करके आपको अपने साथ ले जाएँगे।''

हनुमान से आश्वासन पाकर सीताजी प्रसन्न हो गईं। उन्होंने अपनी चूड़ामणि निशानी के तौर पर हनुमान को दी। लौटने से पूर्व हनुमान अपनी शक्ति का एक छोटा सा प्रदर्शन करना चाहते थे। अतः सीताजी

की आज्ञा लेकर वे फल-फूल खाने लगे। उन्होंने पहरेदारों को मारकर भगा दिया। वाटिका तहस-नहस कर दी। रावण को जब इसकी सूचना मिली तो उसने हनुमान को पकड़ने के लिए अपने पुत्र अक्षयकुमार को भेजा। हनुमान ने रावण-पुत्र को भी काल का ग्रास बना दिया। अंत में रावण के पुत्र मेघनाद ने ब्रह्मपाश चलाकर हनुमानजी को बाँध लिया और रावण के समक्ष ले आया।

रावण ने उनका परिचय पूछा। हनुमान गरजते हुए बोले, ''हे रावण! मैं श्रीराम का दूत हनुमान हूँ। तुम्हें समझाने आया हूँ। यदि अपना कल्याण चाहते हो तो सीता माता को लौटाकर श्रीराम की शरण में आ जाओ। अन्यथा वे तुम्हें और तुम्हारी लंका को नष्ट कर देंगे।''

हनुमान की बात सुनकर रावण को क्रोध आ गया। उसने उनकी पूँछ में आग लगाने का आदेश दिया। राक्षस कपड़े को तेल-घी में भिगो-भिगोकर हनुमानजी की पूँछ में लपेटने लगे। उस समय हनुमानजी ने अपनी पूँछ इतनी लंबी कर ली कि सारी लंका नगरी का कपड़ा और घी समाप्त हो गए। इसके बाद उनकी पूँछ में आग लगाकर राक्षस उनका उपहास उड़ाने लगे। तब हनुमान ने स्वयं को बंधन-मुक्त कर लिया और लंका के महलों को पूँछ की आग से जलाने लगे। देखते-ही-देखते अशोक वाटिका के अतिरिक्त संपूर्ण लंका धू-धू कर जलने लगी।

लंका-दहन के बाद हनुमानजी पुनः सीताजी के पास गए और उनका आशीर्वाद लेकर वापस राम के पास लौट गए।

□

रामभक्त विभीषण

हनुमानजी के नेतृत्व में श्रीराम लक्ष्मण, सुग्रीव, जांबवंत तथा संपूर्ण वानर सेना को लेकर समुद्र-तट पर पड़ाव डाल चुके हैं—यह समाचार जैसे ही रावण को मिला, उसने अपने मंत्रियों से विचार-विमर्श कर युद्ध की रणनीति बनानी आरंभ कर दी। विभीषण रावण का सबसे छोटा भाई था। वह श्रीराम का अनन्य भक्त था। वह जानता था कि भगवान् श्रीराम श्रीविष्णु के ही अंशावतार हैं। स्वयं ब्रह्माजी ने उसे वरदान दिया था कि भगवान् जब श्रीराम के रूप में अवतरित होंगे, तब विभीषण को उनके सान्निध्य का अवसर प्राप्त होगा।

विभीषण नहीं चाहता था कि उसका भाई रावण काल का ग्रास

बन जाए। अतः उसने रावण को समझाने का बहुत प्रयास किया, ''भ्राताश्री! आप व्यर्थ ही एक परस्त्री के लिए श्रीराम से शत्रुता मोल ले रहे हैं। वे साक्षात् श्रीविष्णु के अवतार हैं। उनसे शत्रुता करनेवाला कभी जीवित नहीं रहा। आपने सीता-हरण करके अनुचित कार्य किया है। अब उचित यही है कि आप उन्हें लौटाकर श्रीराम से क्षमा माँग लें। वे अवश्य आपको क्षमा कर देंगे।''

विभीषण के उपदेश रावण को कानों में पिघले सीसे के समान लगे। वह विभीषण को लात मारते हुए बोला, ''चुप कायर! मुझे नहीं पता था कि मेरे घर में ही मेरा शत्रु पल रहा है। तुम रहते लंका में हो और गुणगान उस राम का करते हो! तुम्हें लज्जा नहीं आती! विभीषण, यदि तुम्हें अपने राम से इतना ही प्रेम है तो इसी समय लंका छोड़कर चले जाओ। मुझे तुम जैसे शत्रु-प्रेमी की आवश्यकता नहीं है।''

रावण द्वारा सीता-हरण की घटना से विभीषण पहले ही दुःखी था, इस अपमान से आहत होकर उसने उसी समय लंका छोड़ दी और अपने कुछ मंत्रियों को साथ लेकर श्रीराम की शरण में चला गया। वहाँ विभीषण की भेंट हनुमानजी से हुई। लंका-दहन से पूर्व हनुमान उससे मिल चुके थे। उसकी रामभक्ति को हनुमान भली-भाँति जानते थे। वे सप्रेम उसे श्रीराम के पास ले आए।

उस समय श्रीराम एक शिला पर बैठे थे। उनके निकट ही लक्ष्मण, जांबवंत, सुग्रीव, अंगद आदि वानर-वीर विराजमान थे। श्रीराम की मनोरम छवि देख विभीषण भाव-विभोर हो गए और उनके चरणों में गिरकर विनीत स्वर में बोले, ''भगवन्! मेरे नेत्र कब से आपके दर्शन को तरस रहे थे। आज मैं धन्य हो गया! मुझ पापी को शरण में लेकर मेरा उद्धार करें, प्रभु! मैं राक्षसराज रावण का छोटा भाई

विभीषण हूँ। मैंने रावण को अनेक प्रकार से समझाने की कोशिश की, किंतु उसने मेरी एक न सुनी और मुझे लात मारकर लंका से निष्कासित कर दिया। अब मैं आपकी शरण में हूँ। मुझ शरणागत की रक्षा करें प्रभु। मुझे अपने चरणों में स्थान दें।''

विभीषण के निर्मल वचन सुनकर श्रीराम उसे हृदय से लगाते हुए बोले, ''विभीषण! तुम्हारे विषय में हनुमान पहले ही बता चुके हैं। तुम्हारा स्थान चरणों में नहीं, मेरे हृदय में है। मैं वचन देता हूँ, पापी रावण के बाद तुम ही लंका के राजा बनोगे।''

तत्पश्चात् उसी समय समुद्र के जल से अभिषेक करके श्रीराम ने विभीषण को लंका का भावी राजा घोषित कर दिया।

□

सेतु-बंधन

वानर-सेना समुद्र पार करके लंका किस प्रकार पहुँचेगी, इस समस्या का कोई समाधान दिखाई नहीं दे रहा था। सभी गहरी चिंता में डूबे थे। यद्यपि श्रीराम एक बाण से पूरे समुद्र को सुखाने की शक्ति रखते थे, परंतु जलचरों के हित के मूल्य पर वे ऐसा नहीं करना चाहते थे। ऐसे में विभीषण ने श्रीराम को परामर्श दिया, ''भगवन्! आप समुद्रदेव से मार्ग देने की प्रार्थना करें। वे अवश्य आपको मार्ग दे देंगे।''

विभीषण का परामर्श श्रीराम को उपयुक्त लगा। अगले दिन प्रातःकाल वे समुद्र के किनारे खड़े होकर उसकी स्तुति करने लगे। तीन दिन बीत गए। श्रीराम भूखे-प्यासे तट पर खड़े प्रार्थना कर रहे

थे, लेकिन अहंकार से भरे समुद्र पर उसका कोई असर नहीं हुआ।

अंततः श्रीराम क्रोध से भर उठे। उन्होंने धनुष पर अभिमंत्रित अग्निबाण चढ़ा लिया और समुद्र को संबोधित करते हुए बोले, "हे दुष्ट! तुमने अहंकार में भरकर मेरी प्रार्थना की अनदेखी की है। मैं इस अग्निबाण से तुम्हारे जल को सुखाकर स्वयं मार्ग बना लूँगा।"

श्रीराम का रौद्र रूप देखकर समुद्र में उथल-पुथल मच गई। सभी जंतु भयभीत होकर तट से कोसों दूर चले गए। आकाश भयंकर गर्जन करने लगा। तब सकपकाते हुए समुद्रदेव ब्राह्मण का वेश धारण कर प्रकट हुए और प्रार्थना करते हुए बोले, "रघुनंदन! धृष्टता के लिए क्षमा करें। सृष्टि के नियमों में बँधा होने के कारण मैं आपको मार्ग देने में असमर्थ हूँ। परंतु मैं आपको समुद्र पार करने का उपाय अवश्य बता सकता हूँ। प्रभु, आपकी वानर सेना में नल और नील नामक दो वानर-वीर हैं। उन्हें वरदान प्राप्त है कि उनके द्वारा प्रवाहित विशाल चट्टानें भी पानी पर तैर जाएँगी। अतः आप उन्हें समुद्र पर सेतु बनाने के लिए प्रेरित करें।"

राम थोड़े चिंतित होकर बोले, "समुद्रदेव! आपको दंडित करने के लिए मैंने इस अभिमंत्रित अग्निबाण का आह्वान किया था। लक्ष्य को भेदे बिना यह वापस नहीं जा सकता। अब आप ही बताएँ, मैं इस बाण का प्रयोग किस दिशा में करूँ?"

समुद्र बोले, "भगवन्! मेरे उत्तरी तट पर अनेक शक्तिशाली दैत्यों का वास है। वे नित्य मुझे प्रताड़ित करते रहते हैं। इसलिए आपने जो अग्निबाण चढ़ाया है, उससे उन दैत्यों का संहार करें।"

भगवान् श्रीराम ने बाण चलाकर उत्तरी भाग के राक्षसों का संहार कर दिया। तदनंतर उनकी आज्ञा से नल-नील समुद्र पर सेतु

बनाने लगे। वानर पत्थरों पर श्रीराम का नाम लिखकर नल-नील को देते और वे उन्हें समुद्र में बहा देते। इस प्रकार कुछ ही दिनों में उन्होंने समुद्र के दक्षिण तट से लंका तक एक सेतु निर्मित कर डाला और श्रीराम अपनी सेना सहित सरलतापूर्वक समुद्र पार कर गए।

□

बालू का शिवलिंग

वानर जब सेतु–निर्माण में जुटे हुए थे, तब श्रीराम के मन में वहाँ एक शिवलिंग स्थापित करने का विचार आया। उन्होंने अपनी इच्छा हनुमानजी को बताई और बोले, ''हनुमान! यह स्थान अत्यंत मनोरम और दर्शनीय है। मैं यहाँ पर एक शिवलिंग स्थापित करना चाहता हूँ। इसलिए तुम पवनवेग से काशी जाओ और वहाँ से एक शिवलिंग ले आओ।''

आज्ञा पाकर हनुमान उसी समय काशी की ओर चल दिए। वहाँ पहुँचकर भगवान् शिव ने उन्हें साक्षात् दर्शन दिए और शिवलिंग सौंपते हुए बोले, ''पवनपुत्र! श्रीराम दक्षिण में शिवलिंग की स्थापना

मेरी इच्छा को पूर्ण करने के लिए ही कर रहे हैं। प्राचीनकाल में विंध्याचल का अहंकार चूर करने के लिए महर्षि अगस्त्य दक्षिण में जाकर वास करने लगे। तभी से वे मेरे वहाँ आने की प्रतीक्षा कर रहे हैं। हे हनुमान! केवल तुम ही मेरे प्रतीक-स्वरूप इस शिवलिंग को शीघ्र वहाँ लेकर जा सकते हो। मैं साक्षात् इस शिवलिंग में वास करूँगा।''

शिवजी की बात सुनकर हनुमान के मन में अहंकार उत्पन्न हो गया। वे शिवलिंग लिये वापस लौट पड़े।

इधर भगवान् श्रीराम को ज्ञात हो गया कि उनके प्रिय भक्त हनुमान को अहंकार ने घेर लिया है। भला भगवान् अपने भक्त को अहंकार में फँसता कैसे देख सकते थे! अतः उनके अहंकार के नाश का निश्चय कर उन्होंने बालू का एक शिवलिंग बनाया और विधिवत् यज्ञ कर उसकी स्थापना कर दी। तदनंतर उन्होंने ऋषि-मुनियों को भरपूर दान-दक्षिणा देकर विदा किया।

मार्ग में हनुमान की भेंट ऋषि-मुनियों से हुई। उनके पास दान-दक्षिणा की सामग्री देखकर हनुमान विस्मित रह गए।

उन्होंने इसके विषय में पूछा तो वे बोले, ''पवनपुत्र! शायद तुम्हें ज्ञात नहीं है, समुद्र के दक्षिणी तट पर श्रीराम ने यज्ञ का आयोजन कर शिवलिंग की स्थापना की है। यज्ञ पूर्ण होने पर उन्होंने ही यह दान-दक्षिणा प्रदान की है।''

अब तो हनुमानजी के क्रोध का ठिकाना न रहा। क्रोध की अधिकता से उनका रोम-रोम जलने लगा। वे शीघ्रता से राम के पास पहुँचे और रुष्ट स्वर में बोले, ''भगवन्! यदि आपको बालू का ही शिवलिंग स्थापित करना था तो मुझे भ्रमित करने की क्या आवश्यकता

थी? मैं इतनी दूर से शिवलिंग लेकर आ रहा हूँ और आपने मेरे परिश्रम पर पानी फेर दिया।''

श्रीराम मुसकराते हुए बोले, ''बजरंग! तुम ठीक कहते हो, मुझे तुम्हारी प्रतीक्षा करनी चाहिए थी। परंतु मुहूर्त निकला जा रहा था, इसलिए मुझे यह शिवलिंग स्थापित करना पड़ा। अब तुम बालू के इस शिवलिंग को उखाड़कर काशी के इस शिवलिंग को यहाँ स्थापित कर दो।''

हनुमान प्रसन्न हो गए। उन्होंने बालू के शिवलिंग को पूँछ में लपेटा और उसे उखाड़ने लगे। परंतु लाख प्रयत्न करने पर भी वे उसे उखाड़ न सके। उनका अहंकार चूर-चूर हो गया। जिसे उन्होंने साधारण बालू का शिवलिंग समझा था, उसी के समक्ष उनकी संपूर्ण शक्ति क्षीण पड़ गई थी। वे श्रीराम के चरणों में गिर पड़े और क्षमा माँगने लगे।

श्रीराम ने उन्हें गले से लगा लिया और काशी के शिवलिंग को उत्तर दिशा की ओर स्थापित करते हुए बोले, ''जो मेरे द्वारा स्थापित शिवलिंग के दर्शन के बाद इस शिवलिंग के दर्शन करेंगे, उन्हें मोक्ष प्राप्त होगा।''

श्रीराम द्वारा स्थापित बालू का शिवलिंग वर्तमान में 'रामेश्वरम्' के नाम से प्रसिद्ध है, जो द्वादश ज्योतिर्लिंगों में से एक है।

□

अंगद की ललकार

वानर-सेना ने लंका की सीमा पर डेरा डाल दिया था। युद्ध से पूर्व श्रीराम विभीषण, सुग्रीव और हनुमान के साथ एक पर्वत-शिखर पर खड़े होकर लंका का निरीक्षण कर रहे थे। सहसा श्रीराम की दृष्टि रावण के महल की ओर गई। महल की छत पर उन्हें एक विशालकाय दैत्य स्वर्णजड़ित मुकुट पहने दिखाई दिया। उसके पास ही एक सुंदर स्त्री बैठी थी। राम ने उसके विषय में विभीषण से पूछा।

विभीषण बोले, ''भगवन्! वह कोई और नहीं, राक्षसराज रावण हैं। उनके साथ उनकी पत्नी मंदोदरी सुशोभित हैं। इस समय वे रंगमहल में बैठे नृत्य का आनंद ले रहे हैं।''

तब श्रीराम ने धनुष पर एक बाण चढ़ाया और उसे रंगमहल की दिशा में छोड़ दिया। बाण ने एक क्षण में ही रावण का मुकुट और मंदोदरी के कर्णफूल काटकर नीचे गिरा दिए और वापस श्रीराम के तूणीर में लौट आया। अचानक घटी इस घटना से रावण सहित सभी सभासद हतप्रभ रह गए।

मंदोदरी इसे अपशकुन मानते हुए रावण से बोली, "नाथ! मेरा दिल घबरा रहा है। आप सीता को लौटाकर श्रीराम से संधि कर लें। वे समुद्र पार करके लंका में आ चुके हैं। कोई अनर्थ हो, इससे पहले ही सँभल जाना उचित है।"

रावण ने मंदोदरी की बात अनसुनी कर दी और वहाँ से उठकर चला गया।

अगले दिन राम के नेतृत्व में वानर-सेना युद्ध के लिए तैयार हो गई। लंका के मुख्य प्रवेश-द्वारों को घेर लिया गया। सभी युद्ध आरंभ होने की प्रतीक्षा करने लगे। लेकिन युद्ध से पूर्व श्रीराम रावण को एक और अवसर देना चाहते थे। उन्होंने बालि-पुत्र अंगद को अपना दूत बनाकर रावण को समझाने के लिए भेजा।

अंगद रावण की सभा में पहुँचा और रावण को संबोधित करते हुए बोला, "राक्षसराज! मैं बालि-पुत्र अंगद अपने स्वामी श्रीराम की ओर से तुम्हारे लिए संदेश लेकर आया हूँ। यद्यपि श्रीराम तुम्हें लंका सहित पल भर में नष्ट कर सकते हैं, तथापि वे तुम्हें अपनी गलती सुधारने का एक और अवसर देना चाहते हैं। माता जानकी का हरण करके तुमने बड़ा ही नीच कार्य किया है। परंतु अभी भी समय है, उन्हें ससम्मान लौटाकर श्रीराम से क्षमा माँग लो। अन्यथा तुम्हारे कुल में कोई भी जीवित नहीं बचेगा।"

अंगद की बात सुनकर रावण विष उगलता हुआ बोला, ''कायर अंगद! तुम मेरे मित्र के पुत्र होकर भी शत्रुओं का साथ दे रहे हो। तुम्हारे लिए इससे अधिक लज्जा की बात और क्या हो सकती है! तुम जिस राम की बातें कर रहे हो, वह एक साधारण वनवासी है। उसका साथ देकर तुम्हें कुछ प्राप्त नहीं होगा। अंगद! तुम मेरे साथ मिल जाओ। मैं तुम्हें वचन देता हूँ कि तुम्हें किष्किंधा का राजा बनवा दूँगा।''

अंगद हँसते हुए बोला, ''रावण! जिसके सिर पर काल का वास हो जाता है, उसे कोई नहीं बचा सकता। अज्ञानवश तुम जिन श्रीराम को साधारण मनुष्य कह रहे हो, उनके नाम-मात्र में इतनी शक्ति है कि उसके समक्ष तुम्हारी इस सभा का संपूर्ण बल क्षीण पड़ जाएगा। रावण! मैं श्रीराम का नाम लेकर तुम्हारी सभा में अपना पैर जमाता हूँ। यदि तुम मेरा पैर हिला दोगे तो मैं वचन देता हूँ, श्रीराम सीता को लिये बिना लौट जाएँगे।''

रावण का संकेत पाकर अनेक राक्षस-वीरों ने अंगद का पैर हिलाने का प्रयास किया, किंतु अंगद का पैर पर्वत के समान अविचल रहा। जब सभी योद्धा प्रयास करके हार गए, तब रावण स्वयं आगे बढ़ा।

तब अंगद अपने स्थान से हटते हुए बोला, ''मूर्ख! श्रीराम के पैर पकड़। केवल वही तेरा उद्धार कर सकते हैं।'' बहुत कुछ नीति की बातें समझाकर अंगद श्रीराम के पास लौट आया।

□

नागपाश

रावण की हठधर्मिता देख श्रीराम ने वानर-सेना सहित लंका पर आक्रमण कर दिया। दोनों पक्षों में भयंकर युद्ध होने लगा। वानर पत्थरों और नखों से राक्षस सेना पर हमला करने लगे। श्रीराम और लक्ष्मण भी अपने बाणों से राक्षसों का संहार करने लगे। उनके प्रहारों से राक्षस-सेना तितर-बितर हो गई। ऐसे समय में लंकापति रावण ने अपने सर्वश्रेष्ठ वीर पुत्र मेघनाद को युद्ध के लिए भेजा। मेघनाद अपने पिता रावण के समान अनेक दिव्य शक्तियों से संपन्न था। एक बार उसने खेल-ही-खेल में देवराज इंद्र को जीत लिया था, तभी से उसका एक नाम 'इंद्रजित्' भी पड़ गया था।

इंद्रजित् ने पल भर में अनेक वानर-वीरों को काल का ग्रास बना

दिया। उसके बाणों से निकलनेवाली तीव्र अग्नि वानरों को जलाने लगी। यह देखकर अंगद युद्ध के लिए सामने आया, किंतु इंद्रजित् ने एक ही बाण से उसे मूर्च्छित कर दिया। अंगद को एक ओर कर पवनपुत्र हनुमान ने मोरचा सँभाला और इंद्रजित् के साथ गदायुद्ध करने लगे। जब हनुमान का पक्ष मजबूत होने लगा तब मायावी इंद्रजित् अदृश्य हो गया और छिपकर बाण-वर्षा करने लगा। देखते-ही-देखते उसने सहस्रों वीरों को मौत के घाट उतार दिया। ऐसा प्रतीत होने लगा था मानो अकेला इंद्रजित् ही संपूर्ण वानर-सेना का विनाश कर देगा।

ऐसी विकट स्थिति में श्रीराम और लक्ष्मण उससे युद्ध करने लगे। परंतु जल्दी ही उसकी माया के आगे वे भी असहाय दिखने लगे। इंद्रजित् बाणों की वर्षा कर रहा था, लेकिन कहीं दिखाई नहीं दे रहा था। सहसा वह अट्टहास करते हुए बोला, "सावधान वनवासियो! तुम्हारी मृत्यु की घड़ी आ गई है। मेरे ये बाण तुम्हें यमपुरी पहुँचा देंगे।" यह कहकर उसने सर्प-बाण चलाए।

सर्प-बाण के आघात से राम और लक्ष्मण मूर्च्छित होकर गिर पड़े। उन बाणों ने विशालकाय सर्प का रूप धारण उन्हें अपने पाश में जकड़ लिया। यह दृश्य देख वानरों का उत्साह छिन्न-भिन्न हो गया। वे उन्हें घेरकर खड़े हो गए। युद्ध रुक गया। सुग्रीव, जांबवंत, विभीषण आदि चिंतित हो उठे। ऐसे में जांबवंत को हनुमान का ध्यान आया। उन्होंने इधर-उधर देखा, परंतु वे कहीं दिखाई न दिए।

उधर, इंद्रजित ने लंका पहुँचकर रावण को राम और लक्ष्मण के नागपाश में बँधने की बात बताई। प्रसन्नता से भरे रावण ने पुत्र को गले से लगा लिया। उसने यह समाचार सीता के पास भिजवा दिया।

समाचार सुनकर सीता शोक-संतप्त हो गईं।

तब त्रिजटा नामक राक्षसी ने उन्हें ढाढ़स बँधाते हुए कहा, ''आप निश्चिंत रहें सीते, राम और लक्ष्मण का कोई अहित नहीं कर सकता।''

इधर श्रीराम और लक्ष्मण धीरे-धीरे मृत्यु के मुख की ओर जा रहे थे और हनुमान का कहीं पता न था। सभी के हृदय में यही प्रश्न था कि इस विकट स्थिति में हनुमान कहाँ चले गए? तभी आकाश-मार्ग से हनुमान आते दिखाई दिए। उनके साथ पक्षिराज गरुड़ भी थे। सभी समझ गए कि हनुमान श्रीराम-लक्ष्मण को नागपाश से मुक्त करने का उपाय ढूँढ़ लाए हैं।

पक्षिराज गरुड़ ने सर्पों का भक्षण कर राम और लक्ष्मण को नागपाश से मुक्त कर दिया। सर्प-विष का प्रभाव शनैः-शनैः कम होने लगा। थोड़ी देर में दोनों भाई स्वस्थ होकर उठ बैठे। यह देखकर वानरों में उत्साह का संचार हो गया। वे तीव्र स्वर में उनकी जय-जयकार करने लगे। उद्घोष के वे स्वर सीताजी को भी सुनाई दिए। उन्होंने हाथ जोड़कर ईश्वर का आभार व्यक्त किया।

□

कुंभकर्ण-वध

श्रीराम और लक्ष्मण के नागपाश से मुक्त होने का समाचार रावण और इंद्रजित् ने भी सुना। पल भर के लिए दोनों अचंभित रह गए। जिस पाश से कोई जीवित नहीं बच सकता था, राम-लक्ष्मण उससे सकुशल बाहर निकल आएं थे। यह घटना उनके लिए किसी दैवी चमत्कार से कम नहीं थी। इंद्रजित् शांति भंग करते हुए बोला, ''पिताश्री! अब वे दोनों मेरे बाणों से नहीं बच सकते। अभी भी मेरे पास ऐसे अनेक दिव्य अस्त्र हैं, जो उन्हें काल का ग्रास बनाने के लिए पर्याप्त हैं। आप निश्‍चिंत रहें। मैं अभी रणभूमि में जाकर दोनों के सिर काट लाता हूँ। मुझे आज्ञा दीजिए।''

कुछ पल सोचने के बाद रावण बोला, ''नहीं इंद्रजित्! इस बार

हम स्वयं उनसे युद्ध करने जाएँगे। मैं उन वनवासियों को अपने हाथों से दंड देना चाहता हूँ।'' यह कहकर रावण ने युद्ध में जाने की तैयारी शुरू कर दी।

रावण एक विशाल रथ पर बैठकर लंका से बाहर निकला। उसे देखकर राक्षसों में प्रसन्नता की लहर दौड़ गई। उन्होंने उसकी जय-जयकार से दसों दिशाओं को गुंजायमान कर दिया। अस्त्र-शस्त्रों से सुसज्जित रावण वानरों के बीच ऐसे घूम रहा था मानो सिंह हिरणों के झुंड में विचरण कर रहा हो। उसकी आँखें श्रीराम को ढूँढ़ रही थीं।

श्रीराम ने जब सुना कि आज रावण युद्ध करने आया है तो वे स्वयं हनुमान के कंधे पर बैठकर उसके सामने जा पहुँचे। अभी तक वे एक-दूसरे के बारे में केवल सुनते आए थे, आज पहली बार उन्होंने एक-दूसरे को इतने निकट से देखा।

श्रीराम को देखते ही रावण की त्योरियाँ चढ़ गईं। वह उन्हें ललकारते हुए बोला, ''राम! चूहे-बिल्ली का खेल खेलते हुए तुझे अनेक दिन हो गए, आज मैं तुझे मारकर तेरी संपूर्ण सेना का नाश कर डालूँगा!''

फिर रावण ने श्रीराम पर बाणों की वर्षा आरंभ कर दी। प्रत्युत्तर में श्रीराम ने उसके सभी बाण काट दिए। दोनों योद्धाओं में भयंकर युद्ध होने लगा। वानर और राक्षस परस्पर लड़ना भूलकर उन्हें ही देख रहे थे। अंततः श्रीराम ने रावण का मुकुट, रथ तथा सभी अस्त्र-शस्त्र काट दिए और एक दिव्य बाण मारकर उसे घायल कर दिया। अस्त्र-शस्त्र विहीन रावण को देखकर राम के हृदय में दया उत्पन्न हो गई और उन्होंने उसे जीवित छोड़ दिया। रावण निराश और लज्जित होकर लंका लौट गया। वानर हर्षित होकर विजय उद्घोष करने लगे।

लेकिन रावण इतनी सरलता से हार माननेवालों में से नहीं था। लंका पहुँचते ही उसका उत्साह पुनः जाग्रत् हो गया। इस बार उसने अपने भाई कुंभकर्ण को युद्ध में भेजने का निश्चय किया। उस समय कुंभकर्ण गहरी नींद में सो रहा था। रावण ने उसे उठाने का आदेश दिया। कुंभकर्ण को उठाने के लिए अनेक प्रकार के यत्न किए गए। आखिरकार भोजन की सुगंध से उसकी नींद उचट गई। भोजन से तृप्त होने के बाद रावण के आदेशानुसार वह युद्ध करने रणभूमि की ओर चल पड़ा। रावण ने उसके साथ राक्षसों की एक विशाल सेना भी भेजी।

कुंभकर्ण पर्वत के समान विशाल और परम शक्तिशाली था। उसने वानरों को पकड़-पकड़कर अपने मुँह में डालना आरंभ कर दिया। कई वानर उसके पैरों तले आकर कुचले गए। उसकी नासिका से निकलनेवाली तूफानी वायु ने अनगिनत वानरों को समुद्र के पार फेंक दिया था। उसका आगमन वानरों के लिए प्रलय बन गया। वे प्राण बचाकर भागने लगे। श्रीराम ने जब कुंभकर्ण द्वारा वानर-सेना का विनाश देखा तो अपने तीक्ष्ण बाणों से उसके हाथ-पैर काट दिए। इसके बाद भी वह अपने शरीर से वानरों को कुचलने लगा। अंततः श्रीराम ने एक दिव्य बाण से उसका सिर काटकर धड़ से अलग कर दिया।

कुंभकर्ण के मरते ही देवगण श्रीराम पर पुष्पों की वर्षा करने लगे।

□

अहिरावण का अंत

रावण का अहिरावण नाम का एक भाई था। वह पाताल लोक का राजा था। जब राम-रावण युद्ध छिड़ा, तब वह रावण से मिलने लंका आया। वहाँ उसने कुंभकर्ण-वध और रावण की पराजय के बारे में सुना तो उसका कुटिल मस्तिष्क राम-लक्ष्मण के विरुद्ध षड्यंत्र रचने लगा। उसने एक योजना बनाई। रावण को वह योजना बहुत पसंद आई और उसने शीघ्रता से अहिरावण को उस पर अमल करने के लिए कहा।

एक रात जब श्रीराम-लक्ष्मण अपने शिविर में सो रहे थे, तब अहिरावण ने उनका अपहरण कर लिया और पातालपुरी में ले जाकर एक गुप्त स्थान पर बंद कर दिया। प्रात:काल श्रीराम-लक्ष्मण को

शिविर में न देखकर वानर दंग रह गए। हनुमान के आदेश पर वानरों ने उन्हें सभी जगह ढूँढ़ा, परंतु वे कहीं न मिले। हनुमान समझ गए कि किसी मायावी दैत्य ने उनका हरण कर लिया है। उन्होंने अपने हृदय की बात विभीषण को बताई। तब विभीषण कुछ सोचते हुए बोले, ''हनुमानजी! पातालपुरी का राजा अहिरावण हमारा भाई है। वह बड़ा मायावी है। रावण के कहने पर उसने ही श्रीराम-लक्ष्मण का हरण किया होगा।''

हनुमान उसी समय पातालपुरी की ओर चल पड़े।

पातालपुरी के द्वार पर हनुमान की भेंट एक वानर-कुमार से हुई। वह वानर उन्हीं का हमशक्ल था। हनुमान ने अचरज से उसका परिचय पूछा। तब वह बोला, ''मैं पातालपुरी का द्वारपाल पवनपुत्र हनुमान का पुत्र मकरध्वज हूँ।''

हनुमान क्रोधित होकर बोले, ''वानर! तुम यह क्या कह रहे हो? मैं ही पवनपुत्र हनुमान हूँ। लेकिन मैं बाल-ब्रह्मचारी हूँ। फिर तुम मेरे पुत्र कैसे हो सकते हो? अवश्य तुम कोई मायावी दैत्य हो।''

हनुमान को सामने देखकर मकरध्वज प्रसन्नता से भर उठा। उसने पिता के चरणों को स्पर्श किया और अपनी उत्पत्ति की कथा सुनाने लगा—

लंका-दहन के समय अग्नि की तपिश से हनुमान का सारा शरीर पसीने से तर हो गया था। जब वे समुद्र के जल से पूँछ पर लगी आग बुझा रहे थे, उस समय उनके शरीर से पसीने की एक बूँद पानी में गिर गई। उस बूँद को एक मछली ने निगल लिया। मछली के उदर में जाकर वह तेजस्वी बूँद एक बालक के रूप में बदल गई।

कुछ दिनों के बाद अहिरावण के सेवकों ने भोजन के लिए उस

मछली को पकड़ लिया। जब वे मछली को काट रहे थे, तब उसमें से वानर-मुखवाला एक तेजस्वी बालक निकला। अहिरावण ने उस बालक का नाम 'मकरध्वज' रखा और उसे पातालपुरी का द्वारपाल बना दिया। तभी से वह पातालपुरी के द्वार की रक्षा कर रहा है।

मकरध्वज की उत्पत्ति की कथा जानकर हनुमान संतुष्ट हो गए। वे बोले, "पुत्र! अहिरावण ने श्रीराम और लक्ष्मण का हरण कर लिया है। मैं उन्हें लेने आया हूँ।"

यह कहकर जैसे ही हनुमान पाताल में प्रवेश करने को उद्यत हुए, मकरध्वज उनका मार्ग रोकते हुए बोला, "पिताश्री! इस समय मैं अहिरावण का सेवक और पाताल का द्वारपाल हूँ। मैं आपको यहाँ प्रवेश की आज्ञा नहीं दे सकता।"

हनुमान ने मकरध्वज को समझाने का बहुत प्रयास किया, परंतु वह अपने कर्तव्य से पीछे नहीं हटा। विवश होकर हनुमान को उससे युद्ध करना पड़ा। उसे मूर्च्छित कर हनुमान पाताल में प्रवेश कर गए।

उस समय अहिरावण देवी पाताल-भैरवी के समक्ष श्रीराम और लक्ष्मण की बलि चढ़ाने की तैयारी कर रहा था। उसने जैसे ही तलवार उठाई, हनुमान वहाँ पहुँच गए। उन्होंने अहिरावण की तलवार छीनकर उसी से उसका मस्तक काट दिया। तत्पश्चात् श्रीराम-लक्ष्मण को मुक्त करके अपने पुत्र मकरध्वज से उनकी भेंट करवाई। अहिरावण की मृत्यु के बाद श्रीराम ने पातालपुरी के सिंहासन पर मकरध्वज का राजतिलक कर दिया। फिर वे हनुमान के साथ वापस अपने सैन्य शिविर में लौट आए।

□

संजीवनी बूटी

रावण पक्ष के अनेक शक्तिशाली राक्षस काल का ग्रास बन चुके थे। कुंभकर्ण और अहिरावण की मृत्यु ने रावण को विचलित कर दिया था। अब राम-लक्ष्मण को मारकर वह अतिशीघ्र इस युद्ध को समाप्त कर देना चाहता था। इस कार्य को संपन्न करने के लिए उसने इंद्रजित् को आशीर्वाद देकर पुनः रणभूमि में भेजा। इंद्रजित् ने माया के प्रभाव से सीता की एक प्रतिमूर्ति बनाई और उसे रथ पर बिठाकर श्रीराम के सम्मुख पहुँचा। इंद्रजित् के साथ सीता को देखकर श्रीराम और लक्ष्मण के मन में अशुभ विचार आने लगे। तभी उसने तलवार निकालकर मायावी सीता का मस्तक काट दिया। यह दृश्य देखकर सभी शोक के सागर में डूब गए। श्रीराम दुःखी होकर विलाप करने

लगे, लक्ष्मण लगभग मूर्च्छित से हो गए।

ऐसे समय में विभीषण आगे आए और श्रीराम से बोले, ''भगवन्! शोक का त्याग करें। इंद्रजित् मायावी है। उसने जिस सीता का मस्तक काटा है, वह माया से बनी थी। वास्तविक सीताजी अशोक वाटिका में सुरक्षित हैं।''

विभीषण की बात सुनकर श्रीराम-लक्ष्मण पुनः जोश से भर गए और दुगुने वेग से शत्रुओं पर आक्रमण करने लगे। अपनी माया को विफल होते देख इंद्रजित् ने वानरों पर बाणों की तेज वर्षा आरंभ कर दी। तब सहायता के लिए लक्ष्मण आगे आए। उन्होंने इंद्रजित् के सभी बाण काट दिए; दिव्य बाणों के प्रयोग से उसके रथ को छिन्न-भिन्न कर दिया। स्वयं को संकट में देख इंद्रजित् ने ब्रह्मास्त्र का प्रयोग कर डाला। ब्रह्मास्त्र के अमोघ प्रहार से लक्ष्मण मूर्च्छित होकर गिर पड़े। वानर-सेना पुनः निराशा एवं शोक-सागर में गोते लगाने लगी। श्रीराम शीघ्रता से लक्ष्मण के पास पहुँचे और उन्हें गोद में लेकर विलाप करने लगे। अपने प्रिय भाई को इस प्रकार काल के मुँह में जाते देख उनका हृदय भर आया।

ऐसी स्थिति में जांबवंत ने श्रीराम को ढाढ़स बँधाकर सुषेण वैद्य को बुलाया। निरीक्षण के बाद सुषेण वैद्य निराश स्वर में बोले, ''इंद्रजित् ने लक्ष्मण पर ब्रह्मास्त्र का प्रयोग किया है। इसकी काट केवल संजीवनी बूटी है, जो हिमालय पर मिलती है। सूर्योदय से पूर्व यदि कोई बूटी लाने का असंभव कार्य कर सके तो लक्ष्मण के प्राण बच सकते हैं।''

हनुमान ने यह असंभव कार्य करने का प्रण किया और श्रीराम को प्रणाम कर पवन वेग से हिमालय की ओर उड़ चले। रावण की आज्ञा

से मार्ग में कालनेमि राक्षस ने उन्हें भ्रमित करने का प्रयास किया। लेकिन हनुमान उसकी माया समझ गए। उन्होंने उसका वध कर दिया और हिमालय पर जा पहुँचे। वहाँ वे संजीवनी बूटी को पहचान नहीं सके। कार्य में विलंब होते देख उन्होंने पूरे पर्वत को ही उखाड़ लिया और उसे लेकर समय से पूर्व लंका लौट आए।

सुषेण वैद्य ने शीघ्रता से लक्ष्मण का उपचार किया। औषधि ने असर दिखाया और लक्ष्मण स्वस्थ होकर उठ बैठे। श्रीराम ने प्रसन्न होकर हनुमान को हृदय से लगा लिया। आज एक बार पुनः हनुमान ने उनके प्राणों की रक्षा की थी। हनुमान की जय-जयकार से आकाश गूँजने लगा।

तभी विभीषण बोले, "भगवन्! इस समय इंद्रजित् हमारी कुलदेवी के मंदिर में यज्ञ कर रहा है। यदि वह यज्ञ पूर्ण हो गया तो उसे मारना असंभव हो जाएगा। इसलिए यज्ञ पूर्ण होने से पूर्व उसका वध आवश्यक है।"

लक्ष्मण ने इंद्रजित् को मारने का प्रण किया और श्रीराम की आज्ञा लेकर सुग्रीव, विभीषण, हनुमान आदि वीरों के साथ उस स्थान पर जा पहुँचे जहाँ यज्ञ हो रहा था। वानरों ने उत्पात मचाकर यज्ञ खंडित कर दिया। क्रुद्ध होकर इंद्रजित् यज्ञ बीच में ही छोड़कर लक्ष्मण से युद्ध करने लगा। परंतु इस बार लक्ष्मण उसे कोई अवसर नहीं देना चाहते थे। उन्होंने उस पर 'इंद्रास्त्र' नामक शक्ति का प्रयोग किया। तत्क्षण उसका मस्तक कटकर भूमि पर जा गिरा।

इंद्रजित् की मृत्यु से प्रसन्न होकर देवगण लक्ष्मण पर पुष्प-वर्षा करते हुए विजयी उद्घोष करने लगे।

□

रावण की मुक्ति

इंद्रजित् की मृत्यु के साथ ही रावण के तूणीर का अंतिम बाण भी समाप्त हो गया। अब ऐसा कोई पराक्रमी और शक्तिशाली योद्धा नहीं था, जो उसकी ओर से युद्ध करता। अंततः रावण ने स्वयं युद्ध में जाने का निश्चय किया। वह अपने विशाल रथ पर सवार हुआ और अस्त्र-शस्त्रों से सुसज्जित होकर रणभूमि की ओर चल पड़ा। उस समय अनेक अपशकुन होने लगे, परंतु मद में चूर रावण ने उनकी अनदेखी कर दी।

रणभूमि में पहुँचते ही उसने बाणों की वर्षा आरंभ कर दी। वानर-सेना हाहाकार कर उठी। रावण का रौद्र रूप देखकर ही अनेक

वानर काल के ग्रास बन गए। उसके समक्ष आनेवाला प्रत्येक वानर रथ के नीचे कुचला गया। ऐसा प्रतीत हो रहा था मानो रावण साक्षात् काल बनकर रणभूमि में विचरण कर रहा हो। उसके साथ महोदर, महापार्श्व, धूम्राक्ष नामक अनेक राक्षस-वीर थे। उन्होंने महाविनाश आरंभ कर दिया।

रावण केवल राम से युद्ध करना चाहता था। उसकी रक्ताभ आँखें केवल राम को ढूँढ़ रही थीं। राम उसके मन की बात जान गए और इंद्र द्वारा भेजे गए दिव्य रथ पर आरूढ़ होकर उसके सामने आ डटे। राम को देखते ही रावण ने उन पर दिव्यास्त्रों की वर्षा आरंभ कर दी। राम ने स्वयं को बचाते हुए रावण के सभी प्रहार निष्फल कर दिए। इसके बाद दोनों ओर से अनेक शक्तियों का प्रयोग होने लगा। कभी रावण की शक्तियाँ प्रभावी होने लगतीं तो कभी राम के अमोघ प्रहार उसे विचलित कर देते। इस प्रकार अनेक दिनों तक युद्ध होता रहा।

धीरे-धीरे रावण की शक्ति कमजोर पड़ने लगी। राम भी रावण को अधिक अवसर नहीं देना चाहते थे। उनका हृदय सीता-मिलन को तरस रहा था, अतएव वे अतिशीघ्र रावण का वध कर युद्ध समाप्त कर देना चाहते थे। उन्होंने एक बाण मारकर रावण का मस्तक काट डाला। परंतु यह क्या? उसका सिर पुनः जुड़ गया। यह देखकर राम आश्चर्यचकित रह गए। उन्होंने अनेक बार मस्तक काटा और हर बार वह अपने स्थान पर जुड़ गया।

तब विभीषण पास आकर बोले, ''भगवन्! रावण की नाभि में अमृत का कुंड है। उस कुंड को समाप्त करने के बाद ही इसे मारा जा सकता है।''

यह सुनते ही राम ने रावण की नाभि पर ब्रह्मास्त्र से प्रहार किया।

ब्रह्मास्त्र की अग्नि ने अमृत-कुंड को सुखा दिया। तत्पश्चात् उन्होंने एक अमोघ शक्ति का प्रयोग कर उसका सिर धड़ से अलग कर दिया। रावण रथ से नीचे गिर पड़ा और 'राम' कहकर प्राण त्याग दिए। रावण के मरते ही देवगण पुष्प-वर्षा करके अपनी प्रसन्नता व्यक्त करने लगे। राम ने रावण को मारकर पृथ्वी को उसके अत्याचारों से मुक्त कर दिया।

भाई को मृत देख विभीषण की आँखों में आँसू भर आए। वह स्वयं को दोषी ठहराते हुए विलाप करने लगे। श्रीराम ने उन्हें सांत्वना दी और रावण का विधिवत् दाह-संस्कार संपन्न करवाया। इसके बाद लंका के सिंहासन पर विभीषण को बिठाकर उनका विधिवत् राज्याभिषेक किया गया।

□

सीताजी की अग्निपरीक्षा

रावण की मृत्यु और श्रीराम की विजय का समाचार सुनकर सीताजी की प्रसन्नता का ठिकाना न रहा। इतने दिनों से वे जिस दिन की प्रतीक्षा में थीं, आखिरकार वह दिन आ ही गया। आज वे अपने राम से पुनः मिलनेवाली थीं। राम भी सीता-मिलन को आतुर थे। उन्होंने सीताजी को लाने के लिए हनुमान और विभीषण को भेजा। विभीषण ने एक सुंदर पालकी मँगवाई और सीताजी को बिठाकर श्रीराम के पास ले आए।

पालकी से उतरकर वे जैसे ही श्रीराम की ओर बढ़ीं, वे शांत स्वर में बोले, ''सीते! मुझे तुम्हारे चरित्र पर जरा भी संदेह नहीं है। मैं

जानता हूँ, तुम परम पवित्र हो, किंतु संसार को संतुष्ट करने के लिए तुम्हें अग्निपरीक्षा देकर अपनी पवित्रता सिद्ध करनी होगी।''

श्रीराम के मुख से ये वचन सुनकर उपस्थित सभी जन सकते में आ गए। जिन सीता के लिए श्रीराम ने संपूर्ण राक्षस-कुल का नाश कर डाला था, उन्हें वे स्वयं अग्नि की भेंट चढ़ा रहे थे। लक्ष्मण ने अनेक तर्क देकर श्रीराम को समझाने का प्रयास किया; किंतु वे अपने निर्णय पर अटल रहे।

तब श्रीराम की आज्ञा से लक्ष्मण ने एक विशाल चिता तैयार कर अग्नि प्रज्वलित की। सीता हाथ जोड़कर अग्नि की परिक्रमा करते हुए बोलीं, ''हे अग्निदेव! मैंने श्रीराम के अतिरिक्त स्वप्न में भी किसी अन्य पुरुष का ध्यान नहीं किया। यदि मेरा यह वचन असत्य हो तो मुझे जलाकर भस्म कर देना।'' यह कहकर वे अग्नि में प्रविष्ट हो गईं।

तभी ज्वाला के बीच अग्निदेव प्रकट हुए और बोले, ''भगवन्! देवी सीता उसी प्रकार पवित्र हैं जिस प्रकार देवी पार्वती। इनके चरित्र की महानता ही रावण सहित समस्त राक्षस-कुल की मृत्यु का कारण बनी है। आप निस्संकोच इन्हें स्वीकार करें।''

श्रीराम ने सीता को निकट बिठाया और प्रेम से बोले, ''सीते! अग्निपरीक्षा ने तुम्हारी पवित्रता को संसार के सामने सिद्ध कर दिया है। तुम्हारे समान ऐसी पतिव्रता न हुई है और न कभी होगी।''

इस प्रकार अग्निपरीक्षा के उपरांत श्रीराम-सीता का मिलन हुआ।

अनेक आलोचक सीता की अग्निपरीक्षा को अनुचित मानते हैं। इसका प्रमुख कारण अग्निपरीक्षा के पीछे छिपे रहस्य से उनकी अनभिज्ञता है। सीताजी को अग्निपरीक्षा क्यों देनी पड़ी, इसका कारण

इस कथा द्वारा स्पष्ट हो जाता है—

भगवान् श्रीराम जानते थे कि शीघ्र ही रावण सीता को हरकर लंका ले जाएगा। जो सीता साक्षात् लक्ष्मी का अवतार थीं और जिसके घर में लक्ष्मी का वास हो, उसका अनिष्ट असंभव है। इसलिए एक दिन लक्ष्मण की अनुपस्थिति में श्रीराम ने अग्निदेव का आवाहन किया। श्रीराम की आज्ञा से अग्निदेव ने सीता की प्रतिमूर्ति तैयार की और उसे श्रीराम के पास छोड़कर वास्तविक सीता को अपने लोक ले गए। रावण ने जिस सीता का हरण किया था, वास्तव में वह सीता की छाया थी। लंका-विजय के बाद सीता को अग्निलोक से लाने के लिए श्रीराम ने अग्निपरीक्षा की बात कही थी। इस अग्निपरीक्षा में सीता की प्रतिमूर्ति के स्थान पर अग्निदेव वास्तविक सीता को ले आए और उन्हें श्रीराम को सौंप दिया।

□

राम का राजतिलक

रावण की मृत्यु के साथ ही युद्ध समाप्त हो गया। लंका के सिंहासन पर विभीषण का राजतिलक कर उन्हें वहाँ का शासन-भार सौंप दिया गया। वहाँ सबकुछ व्यवस्थित हो गया। राम को भरत की प्रतिज्ञा याद थी। जब भरत उनकी चरण-पादुकाएँ लेकर गए थे, तब उन्होंने कहा था, ''भैया! वनवास समाप्त होते ही लौट आना। आपने एक दिन की भी देर की तो मुझे जीवित नहीं पाएँगे। यह मेरी प्रतिज्ञा है।''

वनवास का समय पूर्ण होने को था। लेकिन इतने दिनों में अयोध्या पहुँचना असंभव था। उन्होंने विभीषण से यह बात कही।

यद्यपि वे चाहते थे कि श्रीराम कुछ दिन और उनके पास रहें; लेकिन भरत को दिए वचन के अनुसार उनका अयोध्या लौटना आवश्यक था। अतएव वे उसी समय पुष्पक विमान ले आए। तदनंतर श्रीराम लक्ष्मण, सीता, सुग्रीव, हनुमान, जांबवंत, अंगद एवं अन्य वानर-वीरों सहित उसमें बैठकर अयोध्या की ओर चल पड़े।

मार्ग में श्रीराम ने सीता को वे सभी स्थान दिखाए, जहाँ उन्होंने उनके वियोग में प्रवास किया था। उन्होंने किष्किंधा नगरी, ऋष्यमूक पर्वत तथा मतंग ऋषि का आश्रम भी देखा। उन्होंने भरद्वाज मुनि के आश्रम में ठहरकर उनका आशीर्वाद भी प्राप्त किया। यहीं से उन्होंने हनुमान को अयोध्या भेज दिया। हनुमान पल भर में अयोध्या पहुँच गए और भरत सहित सभी अयोध्यावासियों को श्रीराम के लौटने की सूचना दी।

'श्रीराम अयोध्या आ रहे हैं', यह सुनकर भरत प्रसन्नता से झूम उठे। उन्होंने माता कौशल्या, सुमित्रा और कैकेयी को यह समाचार सुनाया। श्रीराम के आगमन की सूचना उनके लिए संजीवनी के समान थी। उनकी प्रसन्नता का कोई ठिकाना न रहा। सबने उत्सव की तैयारियाँ आरंभ कर दीं। अयोध्यावासियों ने अपने घरों में घी के दीप जलाए। तब से आज भी यह दिन दीपावली के रूप में मनाया जाता है।

जब पुष्पक विमान अयोध्या नगरी के द्वार पर उतरा, उस समय वहाँ श्रीराम के स्वागत के लिए भरत सहित संपूर्ण प्रजा उपस्थित थी। भरत ने दौड़कर श्रीराम के चरण पकड़ लिये। राम ने उन्हें हृदय से लगा लिया। तत्पश्चात् वे सभी माताओं तथा कुलगुरु वसिष्ठ से मिले। सीता और लक्ष्मण ने भी उनका अनुसरण किया।

कुछ दिन बाद शुभ मुहूर्त में कुलगुरु वसिष्ठ ने अयोध्या के सिंहासन पर श्रीराम का राज्याभिषेक कर दिया। उनके निकट ही सीता विराजमान थीं। उस समय श्रीराम और सीता को देखकर ऐसा लग रहा था मानो भगवान् विष्णु और लक्ष्मी साक्षात् विराजमान हों। सीता-राम की यह मनोहर झाँकी देखकर सभी जन सुख और संतोष से भर गए। इस अवसर पर हनुमान ने भरी सभा में अपने हृदय को चीरकर उसमें श्रीराम और सीता के दर्शन करवाए।

□

लव और कुश

श्रीराम के सिंहासन पर बैठते ही अयोध्या में चारों ओर वैभव, ऐश्वर्य और समृद्धि की वर्षा होने लगी। प्रजा अपने प्रिय राजा को पाकर अत्यंत प्रसन्न थी। अयोध्यावासियों के हृदय में सदैव श्रीराम का वास था। राम भी प्रजा को अपनी संतान के समान समझते थे तथा उसकी प्रत्येक सुख-सुविधा का ध्यान रखते थे। रात्रि के समय वे वेश बदलकर प्रजा की सुध-बुध लिया करते थे।

एक बार वे वेश बदलकर नगर में घूम रहे थे। सहसा एक घर के पास से निकलते समय उन्हें एक पुरुष का क्रोधित स्वर सुनाई दिया, ''पापिन! एक पराए व्यक्ति के साथ रात भर ठहरने में तुझे लज्जा

नहीं आई। अब मैं तुझे अपने घर में नहीं रख सकता। तू इसी समय यहाँ से चली जा!''

''मेरी बात का विश्वास कीजिए, मैं आज भी पवित्र हूँ। वर्षा अधिक होने के कारण मैं अपने मुँहबोले भाई के घर रुक गई थी। वह मुझे अपनी छोटी बहन मानता है।'' स्त्री का करुण स्वर सुनाई दिया।

वह व्यक्ति पुनः गरजते हुए बोला, ''दुष्टा! मैं राम की तरह नहीं हूँ, जिसने एक वर्ष तक रावण के महल में रहने के बाद भी सीता को स्वीकार कर लिया। जा, मैं इसी समय तेरा त्याग करता हूँ।''

उस व्यक्ति की बात सुनकर श्रीराम सकते में आ गए। तदनंतर लोक-मर्यादा की स्थापना हेतु उन्होंने सीता को त्यागने का निश्चय कर लिया। अगले दिन उन्होंने लक्ष्मण को बुलाया और सारी बात बताते हुए सीता को वन में छोड़ आने के लिए कहा। राम की बात से लक्ष्मण पर वज्राघात हुआ। वे अचेत से हो गए। उन्होंने अग्रज को अनेक प्रकार से समझाने का प्रयास किया, लेकिन राम अपने निर्णय पर अटल रहे। अंत में लक्ष्मण भारी मन से सीता को भ्रमण के बहाने वन में ले गए।

घने वन में पहुँचकर लक्ष्मण ने सीता को रथ से उतारा और रोते हुए बोले, ''मुझे क्षमा करना, माते! मैं इससे आगे आपका साथ नहीं दे सकता। माते! लोक-मर्यादा की स्थापना हेतु श्रीराम ने आपका त्याग कर दिया है। इस निष्ठुर कार्य के लिए ही मैं आपको यहाँ लाया हूँ।'' इसके बाद लक्ष्मण अयोध्या वापस लौट गए।

'श्रीराम ने उनका त्याग कर दिया है' यह बात सीता के लिए अत्यंत पीड़ादायक थी। वे मूर्च्छित होकर भूमि पर गिर पड़ीं।

निकट ही महर्षि वाल्मीकि का आश्रम था। कुछ ऋषिकुमारों ने सीता को अचेत पड़े देखा तो उन्होंने महर्षि को सूचित किया। त्रिकालदर्शी वाल्मीकि पल भर में सारी घटना जान गए। वे शीघ्रता से सीता के पास पहुँचे और उन्हें आश्रम में ले आए। कुछ दिनों के बाद सीता ने लव और कुश नामक दो परम पराक्रमी पुत्रों को जन्म दिया। महर्षि वाल्मीकि ने उन्हें संपूर्ण शास्त्रों के साथ-साथ अस्त्र-शस्त्रों की शिक्षा भी प्रदान की।

एक बार श्रीराम ने अश्वमेध यज्ञ का आयोजन किया। इस यज्ञ में यज्ञकर्ता का अपनी पत्नी के साथ सम्मिलित होना आवश्यक होता है। तब श्रीराम ने सीता की स्वर्णमंडित प्रतिमा स्थापित कर यज्ञ आरंभ किया। इस उपलक्ष्य में यज्ञ का अश्व छोड़ा गया। अश्व की रक्षा के लिए शत्रुघ्न सेना लेकर पीछे-पीछे चल पड़े। एक दिन यज्ञ का अश्व वाल्मीकि आश्रम के निकट पहुँच गया। वहाँ लव-कुश ने उसे पकड़कर शत्रुघ्न को युद्ध की चुनौती दे डाली।

एक-एक कर शत्रुघ्न, भरत और लक्ष्मण यज्ञ-अश्व को छुड़ाने आए, किंतु लव और कुश ने उन्हें मूर्च्छित करके बंदी बना लिया।

श्रीराम को इस बारे में पता चला तो वे यज्ञ छोड़कर स्वयं युद्ध करने आए। लेकिन तभी वहाँ सीता आ गईं। 'लव-कुश उनके ही पुत्र हैं', यह सुनकर श्रीराम अत्यंत प्रसन्न हुए। लव और कुश को उन्हें सौंपकर धरती के गर्भ से उत्पन्न सीता अंततः धरती की गोद में ही समा गईं।

□

राम-नाम की महिमा न्यारी

एक बार राजा पौरु भगवान् राम के दर्शन करने अयोध्या पधारे। उस समय सभा में हनुमान, लक्ष्मण, भरत, शत्रुघ्न, कुलगुरु वसिष्ठ, विश्वामित्र, देवर्षि नारद सहित अनेक ऋषि-मुनि उपस्थित थे। पौरु ने एक-एक कर सभी को प्रणाम किया। इस बीच विश्वामित्र को उन्होंने 'महर्षि' के स्थान पर केवल 'ऋषि' कहकर संबोधित किया।

विश्वामित्र ने इसे अपना अपमान समझा। वे अपने आसन से उठ खड़े हुए और क्रोधित होकर बोले, "राम! तुम्हारी सभा में इस दुष्ट ने मेरा घोर अपमान किया है। इसलिए मेरे अपमान का प्रतिशोध लेना तुम्हारा कर्तव्य है। यदि कल तक तुमने इसका सिर काटकर मेरे चरणों

में नहीं रखा तो मैं अयोध्या को जलाकर भस्म कर दूँगा।''

विश्वामित्र का रौद्र रूप देखकर सभी भयभीत हो उठे। अयोध्या को महर्षि के क्रोध से बचाने के लिए विवश होकर श्रीराम ने प्रतिज्ञा की कि वे कल तक पौरु का मस्तक काटकर महर्षि के अपमान का प्रतिशोध लेंगे।

यह सारी घटना पौरु देख रहे थे। महर्षि के क्रोध से वे पहले ही भयभीत थे, श्रीराम की प्रतिज्ञा ने उनके प्राण ही सोख लिये। उन्हें अपनी मृत्यु साक्षात् दिखाई देने लगी। तभी देवर्षि नारद ने संकेत से उन्हें अपने पास बुलाया और समझाते हुए बोले, ''पौरु! निस्संदेह श्रीराम तुम्हारा वध कर डालेंगे। अपने प्राण बचाना चाहते हो तो हनुमानजी की शरण में जाओ। केवल वे ही तुम्हें श्रीराम के प्रकोप से बचा सकते हैं।''

सभा-समाप्ति के उपरांत पौरु हनुमानजी के पास गए और उनसे प्राण-रक्षा की प्रार्थना की। हनुमानजी ने कुछ देर विचार किया, फिर उन्हें प्राण-रक्षा का वचन दे दिया। इस प्रकार भगवान् और भक्त एक-दूसरे के विरुद्ध हो गए।

अगले दिन प्रातः हनुमान ने पौरु को अपने कंधे पर बिठाया और उन्हें 'राम-नाम' का जप करते रहने को कहा। राम-नाम लेते ही पौरु के चारों ओर एक दिव्य चक्र बन गया। तभी श्रीराम और विश्वामित्र वहाँ आ पहुँचे। विश्वामित्र ने संकेत से श्रीराम को पौरु का वध करने के लिए प्रेरित किया। श्रीराम ने धनुष पर बाण चढ़ाया और उसे पूरे वेग से पौरु की ओर छोड़ दिया।

आश्चर्य! जिस बाण ने एक ही बार में खर-दूषण सहित उनकी समस्त सेना को समाप्त कर दिया था, वह पौरु के दिव्य चक्र को न

भेद सका और निष्फल होकर लौट आया। तदनंतर श्रीराम ने उस बाण का प्रयोग किया, जिससे उन्होंने कुंभकर्ण जैसे परम शक्तिशाली राक्षस को मारा था। परंतु वह बाण भी चक्र को स्पर्श करके अदृश्य हो गया। पौरु जितनी श्रद्धा से राम-नाम का जप कर रहे थे, चक्र उतना ही अधिक शक्तिशाली होता जा रहा था। अंत में श्रीराम ने उस बाण का प्रयोग किया, जिससे उन्होंने रावण का मस्तक काटा था। बाण के चलते ही संपूर्ण पृथ्वी काँपने लगी; बादल भयंकर गर्जना करने लगे; समुद्र में उथल-पुथल होने लगी। ऐसा लगा मानो ब्रह्मांड नष्ट हो जाएगा। लेकिन राम-नाम की महिमा के समक्ष वह शक्तिशाली बाण भी असफल हो गया।

राम अपने बाणों को निष्फल होते देख विस्मित थे। तब विश्वामित्र ने स्वयं पौरु को दंडित करने का निश्चय किया। परंतु इससे पहले कि वे कुछ कर पाते, पौरु उनके चरणों में गिर पड़ा और स्तुति करते हुए उनसे क्षमा माँगने लगा। इससे विश्वामित्र का क्रोध शांत हो गया और उन्होंने उन्हें क्षमा कर दिया।

इस प्रकार राम-नाम की महिमा से पौरु के प्राण बच गए।

□

लवणासुर

एक बार श्रीराम दरबार में बैठे थे। तभी भार्गव ऋषि कुछ ऋषि-मुनियों सहित उनसे मिलने आए। श्रीराम ने उनका यथोचित आदर-सत्कार कर आसन पर बैठाया।

उन्होंने प्रसन्न होकर श्रीराम को आशीर्वाद दिया और अपने आने का प्रयोजन बताते हुए बोले, ''राजन्! हमारे आश्रम के निकट लवणासुर नामक एक राक्षस का राज्य है। वह मधु राक्षस और रावण की मौसी कुंभीनसी का पुत्र है। उसने अपने तप से भगवान् शिव को प्रसन्न कर एक दिव्य शूल प्राप्त किया है। उस शूल से उसकी शक्ति असीमित हो गई है। राजन्! अपने स्वभाव के अनुरूप लवणासुर अत्यंत पापी, दुराचारी और निर्दयी है। वह हमारी साधना में विघ्न उत्पन्न करता है;

अनेक ऋषि-मुनि उसका शिकार बन चुके हैं। राजन्! जिस प्रकार आपने रावण का वध करके ऋषि-मुनियों को अभय प्रदान किया, उसी प्रकार लवणासुर का अंत करके हमें सुख प्रदान करें।''

लवणासुर के अत्याचारों की बात सुनकर श्रीराम क्रोध से भर उठे। उन्होंने शत्रुघ्न को भार्गव मुनि के साथ भेज दिया। शत्रुघ्न उसी दिन विशाल सेना लेकर लवणासुर से युद्ध करने चल पड़े। तब भार्गव ऋषि शत्रुघ्न को संबोधित करते हुए बोले, ''वीरवर! लवणासुर के पास भगवान् शिव का एक दिव्य शूल है, जिसे धारण करके वह परम शक्तिशाली बन जाता है। उस समय स्वयं भगवान् शिव भी उसे पराजित नहीं कर सकते। इसलिए उस पर उस समय आक्रमण करना, जब शूल उसके पास न हो।''

शत्रुघ्न उचित समय की प्रतीक्षा करने लगे।

एक दिन लवणासुर शिकार के लिए अपने राज्य मधुपुर से बाहर निकला। उस समय शूल उसके पास नहीं था। उचित अवसर देखकर शत्रुघ्न ने लवणासुर को घेर लिया और उसे युद्ध के लिए ललकारा। सहसा इस ललकार से लवणासुर आश्चर्यचकित रह गया। वह शत्रुघ्न से बोला, ''वीर! तुम्हारा यह व्यवहार क्षत्रिय-धर्म के विरुद्ध है। इस समय मेरे पास पर्याप्त अस्त्र-शस्त्र नहीं हैं। अतः मुझे महल में जाकर अपने अस्त्र लाने दो। इसके बाद मैं युद्ध करके तुम्हारी इच्छा अवश्य पूर्ण करूँगा।''

शत्रुघ्न जानते थे कि शूल प्राप्त करने के बाद लवणासुर को पराजित करना असंभव हो जाएगा, अतएव वे गरजते हुए बोले, ''लवणासुर! लगता है, तुम्हें अपने बाहुबल पर भरोसा नहीं है। तुम क्या इतने कायर हो कि शत्रु की चुनौती की अवहेलना करके महल

में जाकर छिप जाना चाहते हो? यदि वीर हो तो अभी मेरे साथ युद्ध करो।"

शत्रुघ्न की चुनौती सुनकर लवणासुर क्रोध से जल उठा। उसने धनुष-बाण उठाए और युद्ध करने लगा। अनेक दिनों तक युद्ध होता रहा। अंत में शत्रुघ्न ने एक दिव्य बाण मारकर उसका वध कर दिया। लवणासुर के मरते ही दसों दिशाओं में शत्रुघ्न की जय-जयकार होने लगी।

श्रीराम की आज्ञा से शत्रुघ्न मधुपुर पर राज्य करने लगे।

□

परलोक-गमन

एक बार धर्मराज मुनि-वेश धारण करके भगवान् राम से मिलने आए। उन्होंने श्रीराम से एकांत में मिलने की इच्छा व्यक्त की। श्रीराम उन्हें एक कक्ष में ले गए और द्वार पर लक्ष्मण को नियुक्त करते हुए बोले, ''लक्ष्मण! ध्यान रहे, कोई भी इस कक्ष में न आने पाए। यदि किसी ने कक्ष में प्रवेश करने या हमारी बातें सुनने की कोशिश की तो वह मृत्युदंड का अधिकारी होगा।''

श्रीराम का आदेश सुनकर लक्ष्मण सतर्क होकर द्वार पर खड़े हो गए।

एकांत पाकर धर्मराज अपने वास्तविक स्वरूप में आ गए और श्रीराम से बोले, ''भगवन्! जिस उद्देश्य के लिए आपका अवतरण

हुआ था, वह पूर्ण हो चुका है। रावण सहित संपूर्ण पापी काल का ग्रास बन चुके हैं। अतएव अब आप पृथ्वीलोक त्यागकर विष्णुलोक को प्रस्थान करें।''

इधर धर्मराज और श्रीराम गुप्त मंत्रणा कर रहे थे, उधर द्वार पर महर्षि दुर्वासा आ पहुँचे। वे अविलंब श्रीराम से मिलना चाहते थे। लक्ष्मण ने उन्हें कुछ देर प्रतीक्षा करने के लिए कहा।

यह सुनकर वे क्रोधित हो उठे और बोले, ''क्या मुझे राम से मिलने के लिए भी प्रतीक्षा करनी पड़ेगी? क्या वे अपने कर्तव्यों को भूल गए हैं? क्या राजमद में डूबकर उन्हें पाप-पुण्य का ज्ञान नहीं रहा? तुम इसी समय अंदर जाओ और उन्हें मेरे आने की सूचना दो।''

लक्ष्मण पुनः उन्हें समझाते हुए बोले, ''ऋषिवर! श्रीराम की आज्ञा है कि इस समय कोई भी कक्ष में प्रविष्ट न हो। मैं उनकी आज्ञा का उल्लंघन नहीं कर सकता।''

''ठीक है, यदि तुम अंदर नहीं जा सकते तो मैं राम सहित अभी संपूर्ण अयोध्या को जला डालता हूँ।'' महर्षि दुर्वासा ने अंजुलि में जल भरकर कहा।

जन-कल्याण हेतु विवश होकर लक्ष्मण को कक्ष में प्रवेश करना पड़ा। उन्होंने श्रीराम को दुर्वासा मुनि के आने की सूचना दी। धर्मराज तत्काल अंतर्धान हो गए और श्रीराम दुर्वासा मुनि की आवभगत में जुट गए।

चूँकि लक्ष्मण ने श्रीराम की आज्ञा का उल्लंघन किया था, इसलिए वे भरे हृदय से लक्ष्मण का त्याग करते हुए बोले, ''लक्ष्मण! तुम मुझे अत्यंत प्रिय हो। तुमने प्रत्येक पग पर मेरा साथ दिया है। किंतु प्रतिज्ञा में बँधे होने के कारण मैं तुम्हें दंडित करने के लिए विवश हूँ। शास्त्रों

में कहा गया है कि प्रिय व्यक्ति का त्याग उसकी मृत्यु के समान है, इसलिए मृत्युदंड की अपेक्षा मैं तुम्हें त्यागता हूँ।''

श्रीराम की आज्ञा शिरोधार्य कर लक्ष्मण सीधे सरयू नदी के तट पर गए और योग-समाधि द्वारा अपनी इंद्रियों को वश में करके प्राण त्याग दिए। तदनंतर देवराज इंद्र उन्हें अपने साथ स्वर्ग में ले गए।

पहले सीता और फिर लक्ष्मण के जाने से श्रीराम बिलकुल अकेले हो गए। उन्होंने लव को उत्तर तथा कुश को दक्षिण कौशल का राजा बना दिया। तत्पश्चात् स्वयं भी देह त्यागने का निश्चय कर लिया।

उनके इस निर्णय को सुनकर भरत और शत्रुघ्न सहित संपूर्ण अयोध्या उनके साथ जाने को तैयार हो गई। श्रीराम ने उन्हें समझाने का बहुत प्रयास किया, किंतु सब विफल रहा।

अंत में श्रीराम ने भाइयों और प्रजा के साथ सरयू में जल-समाधि लेकर प्राण त्याग दिए और सबको लेकर विष्णुलोक में चले गए।

परलोक-गमन से पूर्व उन्होंने हनुमानजी को अमरता का वर प्रदान करके अपने भक्तों के कल्याण का आदेश दिया। तभी से हनुमान उनकी इस आज्ञा का अनुपालन कर रहे हैं।